RaumErlebnisse

LebensErinnerungen

TEXTE AUS DER „SCHREIBWERKSTATT: ERINNERUNGEN AN DAS EIGENE LEBEN" DER VOLKSHOCHSCHULE BAD HOMBURG

RaumErlebnisse

LebensErinnerungen

Jedes Dasein ist gebunden an den Raum, in dem es sich aufhält und bewegt, denkt und handelt, sich freut und leidet. Ohne sein eigenes Raumerlebnis würde sich jedes Ich in die Leere, in ein Nichts verlieren.

Schreibwerkstatt: Erinnerungen an das eigene Leben
der Volkshochschule Bad Homburg v.d.H.
Elisabethen Str. 4-8
61348 Bad Homburg

Umschlaggestaltung:
Inge Marziniak

Herstellung und Verlag:
BoD – Books on Demand, Norderstedt

ISBN 9783738610451

INHALT

Schreibtisch

Tür und Tor

Himmel

Wasser

Unter Dach

Bäume

Freiräume

Vorwort

RaumErlebnisse
LebensErinnerungen

Lebenserinnerungen schreiben heißt, rückblickend aus dem eigenen Leben erzählen. Dabei erlebt sich jeder Mensch nicht nur selbst; jedes Dasein ist gebunden an den Raum, in dem es sich aufhält und bewegt, denkt und handelt, sich freut und leidet. Ohne sein eigenes Raumerlebnis würde sich jedes Ich in die Leere, in ein Nichts verlieren. Hinzu kommt: Jeder Mensch ist stets bemüht, seinen Lebensraum, in dem er sich aufhält, bewegt, handelt und denkt, persönlich zu beeinflussen und zu gestalten. Man denke nur an Wohnung, Haus und Garten; aber auch umgekehrt: Der Raum seinerseits prägt den Menschen, der ihm begegnet, in dem er sich befindet, den er erlebt. Eine Wechselwirkung also, ein gegenseitiges Hin und Her, Geben und Nehmen: Das Ich wirkt auf den Raum und dieser wiederum auf das Ich. Veränderungen beiderseits sind Auswirkung und Folge.

Aber der Raum ist vielfältig, ja unerschöpflich: Enge und Weite, Nähe und Ferne, Höhe und Tiefe bis hin zum Eingesperrtsein oder zur Unbegrenztheit. Ebenso spielt die Zeit in das Raumerlebnis hinein: So hinterlassen der Morgen und das Licht, der Abend und die Dunkelheit, aber auch der Wechsel der Jahreszeiten ihnen eigene Raumeindrücke. Und da ist ja noch das längst Vergangene zu bedenken, also die Erinnerung an die vielfachen, vielfältigen Raumbegegnungen und Raumerlebnisse von ehemals, an Jahre und Jahrzehnte vom Heute entfernte, längst umgestaltete, zerstörte, oder doch unversehrt gebliebene, bewahrte Räume. Sie alle haben nicht selten bis in die heutigen Tage Macht über das Ich, wirken in ihm noch immer weiter, helfen Schönes aufzubewahren, Schreckliches unvergessen zu machen.

Im Schreibprojekt „RaumErlebnisse" erzählen Autorinnen und Autoren der Schreibwerkstatt „Erinnerungen an das eigene Leben" an der Volkshochschule Bad Homburg von Raumbegegnungen und -erinnerungen, aber auch von Raumgedanken und -empfindungen. Wenn nun 16 Kursteilnehmerinnen und Kursteilnehmer auf das eigene Leben zurückblicken, dann stehen sie selbstredend, genauer gesagt selbstschreibend, für alle ihre Erlebnisse, ihre Art und Weise des Erzählens, ihre Sprachgewohnheiten und die Sprachrichtigkeit ganz persönlich ein. Sieben Räume haben sich beim Schreiben dabei nach und nach aufgetan: *Schreibtisch*, Ort der Arbeit und des Schreibens – *Tür und Tor*, die Raumöffner und -schließer – *Himmel und Wasser*, ihre Weite und Tiefe – Plätze *Unter Dach*, ummauert und geschützt – *Bäume*, mächtig oder auch unscheinbar – offene Landschaften, *Freiräume* im Leben. Ganzseitige Abbildungen kündigen siebenmal den Eintritt in einen neuen Erzählraum an, sodass insgesamt 59 Beiträge einladen, gelesen zu werden.

Klaus-Dieter Metz
Kursleiter

Schreibtisch

Es war gar nicht so schlimm!

Hier steht er nun, ein mächtiger „Koloss", mein eigener Schreibtisch. Er nimmt fast ein Drittel der Zimmergröße ein. Die Sonnenstrahlen zeichnen goldene Streifen auf die hellbraune Arbeitsplatte. Diese neue Errungenschaft macht mich glücklich. Er besitzt viele Fächer sowie Schubladen, in denen sich jede Menge Utensilien ordnen und verstauen lassen. Sofort richte ich alle meine Schreib- und Malutensilien ein und freue mich, dass jedes Ding endlich einen bleibenden Platz erhält.

Für mich, die Ordnung sehr liebt, war es bis hierher ein langer, weiter Weg. Verträumt stütze ich die Ellbogen auf, nehme meinen Kopf in beide Hände und erzähle meinem neuen Freund, was alles geschehen musste, bis wir endlich zusammenkamen.

Geboren wurde ich, als Deutschland in Schutt und Asche lag. Allerdings waren meine Eltern noch Besitzer einer gutgehenden eigenen Fleischfabrik. Das änderte sich recht bald, denn leider wurden uns 1946 durch die Vertreibung aus der Heimat Hab und Gut genommen. Wie auch viele andere Familien lebten wir danach in kleinen, beengten Behausungen, die nur Raum für das Nötigste wie Bett, Schrank, Tisch, Stühle und Herd boten. Ein Schreibtisch wäre ein Luxusgegenstand gewesen, wofür das Geld nicht gereicht hätte und Platz schon gar nicht. Daher verschwendeten meine Eltern niemals einen Gedanken an den Kauf solch unnützen Mobiliars.

Bei mir dagegen entstand während meiner Kindheit eine geheime Sehnsucht nach einem für mich vermeintlichen Luxusgegenstand, mit dem ich Wohlstand und Reichtum verband, denn Familien, die so ein Möbelstück besaßen, lebten meistens in einem gehobenen Lebensstandard.

Wir Kinder machten Schularbeiten zu Hause auf dem Küchentisch, bei den Großeltern dagegen auf einem kleinen Beistelltisch im Wohn-Schlafzimmer. Mein Herzenswunsch behielt ich für mich und vergrub ihn ganz tief im Inneren; allerdings verließ er mich nie.

Nach unserer Flucht 1957 aus der DDR in den Westen stand die Familie wieder einmal vor einem Neuanfang, so dass mein Wunsch, einen eigenen Schreibtisch zu besitzen, weiterhin verborgen bleiben musste.

Einige Zeit später drängten steigende Einkommen zwar die Geldsorgen zur Anschaffung meines Wunschmöbels in den Hintergrund, aber an der zu kleinen Wohnung scheiterte noch immer, die Erfüllung meines Sehnsuchtstraums. So langsam fand ich mich damit ab: dieser Traum ist ausgeträumt, denn inzwischen war ich schon fast vierzig Jahre alt.

Aber dann, nach einem Umzug in ein großes Haus mit einem Arbeitszimmer, schenkte mein Mann, er besaß schon einen, mir den eigenen Schreibtisch. Nun gab es gleich zwei solcher prestigeträchtigen Exemplare in unserem Haushalt.

Fortan mache ich alle Schreib-, Mal-, ja sogar Bastelarbeiten nur noch am „Koloss". Sein Platz ist am Fenster, so dass ich einen freien Blick in die Natur habe, die mich zu vielen Geschichten inspiriert. Dabei wandern meine Gedanken auch zu den Reisen nach Nepal, die mein Mann und ich über Jahre hinweg unternommen haben.

Ich erinnere mich, wie dort die Familien in der ländlichen Gebirgswelt leben und deren Kinder ihre Schularbeiten machen. Die dunklen kleinen Wohnräume sind nur mit einer offenen Feuerstelle ausgestattet, die zum Kochen und Wärmen dient. Ein Regal für Töpfe sowie Geschirr ist alles, worüber dieser Raum verfügt. Schränke, Tische oder Stühle gibt es nicht. Gegessen und geschlafen wird auf der Erde. Ihre Schulaufgaben machen die Kinder auf dem Fußboden, und das häufig erst spät am Abend, da der Tag mit einem stundenlangen Schulweg und dem Unterricht ausgefüllt ist. Infolgedessen hocken sie vor der Haustür, um von dem Licht der Dorflampen zu profitieren, denn die meisten Häuser verfügen nicht über Strom.

Als mir diese Erinnerungen wieder vor Augen treten, erkenne ich, wie unbedacht ich mein Wunschdenken über viele Jahre gehegt habe, ohne es zu hinterfragen.

Es war ja gar nicht so schlimm! Selbst ohne Schreibtisch, haben mir zu jeder Zeit Tisch, Stuhl und Licht zur Verfügung gestanden.

Ein eigener Schreibtisch.

Fehlanzeige! Einen eigenen Schreibtisch habe ich nie besessen.

Hausaufgaben für die Schule wurden am Küchentisch oder, wenn dort gerade kein Platz war, am Wohnzimmertisch erledigt. Zwei Zimmer, eine kleine Küche für vier Personen, da kam niemand auf die Idee, dass Kinder einen eigenen Schreibtisch haben müssen.

Nach der Schulzeit und während der Ausbildung verbrachte ich drei Jahre an vielen verschiedenen Schreibtischen. Lehrlinge mussten damals wie auch heute noch sämtliche Abteilungen durchlaufen. Nach der Lehre war mein Arbeitsplatz immer am selben Schreibtisch, doch es war niemals wirklich mein Schreibtisch, er gehörte der Bank, bei der ich beschäftigt war. Ich habe gerne an diesem Schreibtisch gearbeitet. Noch heute denke ich daran, dass Zinsen für Bankguthaben oder für Kontokorrent-Kredite in der Zinsstaffel mit einem Rechner, der von Hand und nicht elektrisch bedient wurde, auszurechnen waren.

Später, als ich mit meinem Mann eine Familie gründete und wir ein Haus bauten, hatte mein Mann bald in diesem Haus einen Schreibtisch. Nie kam ich auf die Idee, dass ich ebenfalls einen brauchen könnte. Es waren ein Küchentisch, ein Wohnzimmertisch, ein Esstisch sowie ein Bügeltisch und ein Tisch auf der Terrasse vorhanden. Nach wie vor erledigte ich alle Schreibarbeiten an dem Tisch, der gerade frei war; Ordnung zu halten, war dabei schwierig.

Als unsere Tochter zur Welt kam, wurde ein Wickeltisch gekauft, nachdem das Kind zur Schule ging, brauchte es selbstverständlich einen Schreibtisch. Es war auch keine Frage, dass fünfundzwanzig Jahre später, als die Enkel schulpflichtig wurden, jedes Kind am eigenen Schreibtisch Schularbeiten machen konnte.

Erst als ich mich nun mit dem Thema Schreibtisch beschäftigte, stellte ich fest, dass sowohl im Zimmer meines Schwiegersohnes als auch meiner Tochter ein Schreibtisch stand. Nur ich hatte immer noch keinen eigenen Schreibtisch.

Habe ich etwas versäumt? Warum kann gerade ich bis heute keinen Schreibtisch mein eigen nennen? Der Schreibtisch meines verstorbenen Mannes steht nach wie vor in seinem Arbeitszimmer im Untergeschoss unseres Hauses, aber er wird nie von mir genutzt. Manchmal suche ich dort notwendige Unterlagen, alles ist wohlgeordnet und sofort auffindbar. Schreibpapier, Stifte, Kugelschreiber, alle Schreibutensilien, die ich gerade benötige, hole ich ins Wohnzimmer, wo ich nach wie vor alle Schreibarbeiten, die von Hand erledigt werden müssen, ausführe. Auch Bankbelege werden dort kontrolliert, einsortiert und ordnungsgemäß abgelegt.

Der nicht mehr genutzte Schreibtisch hätte schon längst in das schon seit vielen Jahren unbewohnte Kinderzimmer meiner Tochter umziehen und von mir genutzt werden können! Warum konnte ich mich nie dazu entschließen?

Der Computer hatte schon bald im Wohnzimmer einen passenden Platz gefunden, sogar auf einem eigens dafür besorgten Computertisch.

Brauche ich jetzt noch einen eigenen Schreibtisch? Um Ordnung zu halten? Weil man dort besser arbeiten kann als an allen anderen Tischen im Haus? Oder weil es inzwischen selbstverständlich ist, einen eigenen Schreibtisch zu besitzen?

Mein großer treuer Freund

Es muss mir in die Wiege gelegt worden sein: mein Sinn für Ordnung ist von Anfang an sehr ausgeprägt. Das bedeutet nicht, dass ich alles im Griff habe – oft haben die Dinge mich im Griff, doch mein Streben ist unerschütterlich!

Schon als kleines Mädchen legte ich großen Wert darauf, meine Spiel- und Puppensachen sorgsam zu ordnen und allem einen Platz zuzuweisen. Da kam das eigentliche Spiel fast immer zu kurz.

Später – als emsige Schülerin – liebte ich es, die Buntstifte farblich oder nach Größe zu sortieren und die Hefte zu beschriften und einzuschlagen. Auch das Löschblatt trug meinen Namen.

Ich befasste mich gern mit allen schriftlichen Dingen. Von den Großeltern, bei denen ich aufwuchs, konnte ich das nicht abgesehen haben, denn ihre gesamten Unterlagen passten in ein Schrankfach. Das Briefeschreiben an alle Verwandten überließen sie mir.

Mit der Zeit entwickelte ich immer stärker meinen Hang zum Dokumentieren. Ich begann meine Ausgaben vom Taschengeld aufzuschreiben und am Monatsende abzurechnen. Die Kassenbons der Einkäufe meiner Großeltern überprüfte ich sorgfältig. Ich legte Listen an – eine von den Adressen der Klassenkameraden, eine andere, welchen Brief ich wann und wem geschrieben hatte, oder auch eine Liste der Geschenke, die ich bekommen und auch die, welche ich selbst übergeben hatte. Später las ich aufmerksam die Tageszeitung. Artikel, die mich interessierten, schnitt ich aus und klebte sie auf Papier. Überhaupt bastelte ich auch sehr gerne und gestaltete Collagen.

Für all diese Aktivitäten musste der Wohnzimmertisch herhalten – und auch ständig wieder geräumt werden, wenn er für Essen, Besuch oder die Bügelwäsche zur Verfügung stehen sollte. Die Großmutter schimpfte, wenn ich nicht rechtzeitig alle sieben Sachen wieder in meinen Ranzen hineingestopft hatte. Das ging mir auf die Nerven!

Niemand wird sich wundern, dass ich mir nichts sehnlicher wünschte, als einen eigenen Bereich mit einem Schreibtisch zu haben. Schon aus Platzmangel war dieser Wunsch jedoch zum Scheitern verurteilt.

Doch je älter ich wurde, desto mehr wuchs mein Bestreben, mich räumlich abzugrenzen und meine Zeit für mich allein zu haben. Schließlich überlegten meine Großeltern, wie sie mir helfen könnten und richteten mir im Obergeschoss, das ohne Heizung war, ein kleines Mansardenzimmer her. Früher wäre ich nie allein nach oben zum Schlafen gegangen, aber nun nahm ich das Zimmer mit Begeisterung in Beschlag. Ich konnte da mein Bett aufstellen, und als Mobiliar bekam ich ein niedriges Tischchen, zwei kleine Clubsessel und einen Kleiderschrank.

So weit, so gut. Nun aber wurde der Wunsch nach einem Schreibtisch immer dringlicher und ich muss wohl der Großmutter ständig in den Ohren gelegen haben, bis ich sie endlich überredet hatte.

Als findige Frau, die nie aufgab, wenn sie ein Einsehen hatte, sollte ich nun meinen Willen bekommen. Das Haushaltsgeld war knapp bemessen und gab kaum etwas her – so viel war klar. Deshalb ging sie nun oft in ein Gebrauchtwarenhaus und schaute sich so lange um, bis sie fündig wurde.

Ich jubelte, als sie mir von ihrem Fang berichtete. Verräterisch raunte sie mir zu, dass ich bei der Lieferung ins Staunen kommen würde. Und sie hatte nicht zu viel versprochen, denn der erwartete Schreibtisch entpuppte sich als ausgewachsener Büffetschrank mit Schreibklappe, der da in mächtiger Größe vor mir stand. War ich gleich begeistert? Ich glaube, eher überrumpelt..., doch schnell prüfte ich die zu erwartenden Vorteile – große Fächer zur Aufbewahrung, und das Schreibfach erwies sich als abschließbar! Keine neugierigen Nasen konnten mir so in die Karten schauen.

Unter erschwerten Bedingungen musste dieses monströse Möbelstück erst die Steintreppe und dann die schmale, steile Holztreppe hinauf in den zweiten Stock bugsiert werden. Der Großvater schimpfte darüber verdrossen – so wie er immer erst murrte, wenn seine Frau wieder eine unschlagbare Idee ohne Vorankündigung durchgesetzt hatte. Denn an ihm blieb die praktische Umsetzung letztendlich hängen.

Ihm gelang der schweißtreibende und nicht ungefährliche Transport nach oben nur durch die Zerlegung des Schranks in Einzelteile. Als er ihn wieder montiert hatte, nahm der Koloss die Hälfte der Wandseite in Anspruch. Aus dunklem Eichenholz hergestellt, dominierte er die Szene! Er machte dennoch einen schlichten Eindruck, da er sich nicht mit raffinierten Drechselverzierungen hervortat, doch das störte mich nicht. Ein glücklicher Besitzerstolz überkam mich. Endlich Platz!

Mit Begeisterung machte ich mich nun an das Einräumen. Was für Möglichkeiten dieser Schrank bot! Der ganze Unterbau war als Flügelschrank gearbeitet, dessen Innenraum sich nur durch einen durchgehenden Einlegeboden unterteilte. Er konnte Berge von Unterlagen und Papieren, Filmprospekten, Zeitungsausschnitten, abgelegten Heften und alles Material, was ich sonst noch sammelte, beherbergen.

Oberhalb schloss man den Schreibtischteil auf und bewegte die Holzklappe in die Horizontale nach unten, um sich davor zum Schreiben niederzusetzen und eine ausgefeilte Inneneinrichtung zu erblicken. Mehrere hölzerne Raster gestalteten den inneren Raum für Briefablage, Stifte, Tintenfass, Büroklammern, Kleber, Locher und andere Utensilien. Das sah sehr professionell aus! Ich hätte mir ja noch ein Geheimfach für das Tagebuch gewünscht, doch so sehr ich alles untersuchte, fand ich keines.

Im Seitenschrank links davon brachte ich meine aktuellen Schulsachen und Bücher unter. Und dann gab es noch den Vitrinen-Aufsatz – geeignet für allerlei Ausstellungs- und Fundsachen, die man hinter die Glasschiebetüren stellen oder legen konnte. Platz genug, um kleine Andenken zu arrangieren und zwei Teetassen – wie es sich damals gehörte.

Quasi zur Einweihung und Krönung kratzte ich mein gespartes Geld zusammen, um im Schreibwarenladen einen mechanischen Anspitzer mit Kurbel zu kaufen. Taschengeld bekam ich damals fünf Mark im Monat – dieses Gerät kostete acht Mark – das weiß ich, als wäre es gestern gewesen. Und – es existiert auch heute noch!

Das nächste Ziel für meine Komplettausstattung steuerte ich bald an – ich wollte eine Schreibmaschine! Von der Schule wurde ein Stenografie- und Schreibkurs angeboten. Den nahm ich wahr. Und solches strebsame Trachten wurde gern von den Großeltern unterstützt. Sie schenkten mir eine Reiseschreibmaschine zu Weihnachten – eine Olympia Splendid – auch diese ist noch in meinem Besitz.

So fühlte ich mich damals autark! Es war einfach großartig, alles an einem Ort im Blick zu haben. Das gab Halt. Dieser Schreibschrank wurde das Herzstück meines Zimmers. Daneben nahm sich der Kleiderschrank wie ein kleiner Bruder aus.

Er hatte seinen Platz in meinem Leben wie ein Freund: unverrückbar und alle Geheimnisse meines jugendlichen Daseins bewahrend.

Michaels *Richarda*

Von der „Olympia" zum Laptop

Was ein Computer ist und was er alles kann, habe ich schon in der DDR gehört. Zu sehen bekam ich jedoch keinen. Durch ein paar Abbildungen dieser Geräte konnte ich mir schon etwas vorstellen. Leider ging die Bereitstellung der PC's für unsere Büros sehr schleppend voran. Das fing alles erst Mitte der achtziger Jahre an. Bei der Zuteilung der Geräte kam meine Abteilung noch nicht in Frage. So blieb ich bei meiner „Olympia", die Spitzenschreibmaschine der DDR. Mit ihr schrieb ich die ganzen Berichte, Protokolle, Beurteilungen und was alles in einer Abteilung so anfiel. Mein Chef diktierte mir seine Schriftsachen gleich in die Maschine.

1990 siedelte ich nach Bad Homburg um. In der großen Firma, in der ich arbeitete, stand auf jedem Schreibtisch ein PC. Auch auf meinem. Nun sollte ich ihn bedienen, obwohl ich überhaupt keine Ahnung hatte. Schreibmaschine schreiben konnte ich ja. Denn während meiner Lehrzeit als Fachverkäuferin besuchte ich in der Volkshochschule in Merseburg den Kurs für Maschineschreiben. Wissbegierig war ich schon immer. Obwohl ich keine Gedanken verschwendete, dass ich das Schreiben an einer Maschine einmal beruflich ausführen würde, sind in dem einen Jahr die Grundbegriffe hängengeblieben.

Die Masken, mit denen nur ich in der Firma arbeiten sollte, richtete mir ein IT-Mitarbeiter von der Firma ein. So konnte ich digital in die Lager, auch in das Hochregallager, um die einzelnen Warengruppen abzurufen. Langsam lernte ich erst meine Abteilung kennen. Wenn es die Zeit erlaubte, zeigte mir eine Kollegin die einzelnen Schritte im PC.

Das war schon eine große Herausforderung. Also ging das

Lernen los. So dumm werde ich mich nicht angestellt haben, denn ich bekam noch zusätzlich das Gerät für die Zeiterfassung der Arbeiter und Angestellten auf meinen Schreibtisch. Briefe schreiben lernte ich mit dem Programm Word Perfekt. Dieser PC stand im Nebenzimmer und wurde von allen Büroangestellten genutzt.

Als Rentnerin reizte es mich, weitere Erfahrungen mit dem PC zu machen. Von meiner Firma bekam ich für wenig Geld einen ausrangierten Monitor mit Tastatur und Rechner. Einen Drucker kaufte ich dazu. Erst holte ich mir einen Schreibtisch. Die Einzelteile wurden mit Hilfe eines jungen Mannes aus unserem Haus zusammengebaut. Eine Ecke am Fenster meines Schlafzimmers bot sich als Stellplatz an, weit ab von dem WLAN, der im Flur an der Steckdose hing. Der Drucker wurde dann per Telefon mit Hilfe meines Sohnes, der in Halle wohnt, angeschlossen. Was da alles zu beachten war und bei jedem Klick etwas anderes zum Vorschein kam, war für mich unwahrscheinlich. Diese Stunde mit meinem Sohn bescherte mir wieder sehr viel Wissen.

Mir brummte der Kopf. Natürlich war es ein vollkommen anderes Programm als das im Büro. Nun ging das Üben wieder los. Briefe schreiben, speichern, Rechtschreibkontrolle, drucken. Ich übte und probierte. Jeden Schritt schrieb ich mir auf, damit ich es immer wieder nachlesen konnte. Stolz war ich auf mich, dass ich mir das alles zutraute.

In mein Sparschwein aus Porzellan steckte ich spontan immer Zwei-Euro-Stücke hinein. 2006 war es mit 1.080 Euro gefüllt. War das eine Freude. Ich kaufte mir einen PC. Zum Glück lebte in unserem Haus ein junger, gerade fertig studierter IT-Mann, der mir die Daten auf meinen neuen Rechner überspielte. Schon allein beim Zuschauen staunte ich, und es faszinierte mich, wie ruhig und gewissenhaft er arbeitete. Nun kam auch noch Excel dazu, und ich begann Tabellen einzurichten und mit Formeln zu rechnen. Auch hatte ich plötzlich eine E-Mail-Adresse und konnte im Internet surfen. War das herrlich!

Nach Jahren war erneut das Schweinchen zum Schlachten reif, und ich kaufte mir zusätzlich einen Laptop. Auch diesen richtete mir der junge Nachbar ein. Nun stehen der Laptop und der Monitor vom PC auf dem Schreibtisch. Die Tastatur habe ich ebenfalls behalten. Auf diesem Brett kann ich schneller schreiben als auf den glatten Tasten des Laptops. In der Mitte und links auf der Schreibtischplatte bediene ich die Bildschirme. Das geht wunderbar. An dem Monitor schreibe ich gerade einen Brief, und an dem Laptop surfe ich im Internet oder lese meine E-Mails. Der Drucker steht auf einem Ablagebrett unter der Schreibtischplatte. Den Laptop kann ich in eine Tasche stecken und überall hin mitnehmen.

Nun sitze ich am Schreibtisch und versuche Erinnerungen meines Lebens aufzuschreiben. Alles, was ich vom Erzählen meiner Eltern erfahren habe und was ich selbst erlebt habe, kommt auf das Papier bzw. in den PC. Schön ist es, dass ich, wenn mir nachträglich etwas einfällt oder auch korrigieren muss, nur den Cursor setze und einen Satz oder ein Wort dazwischen schreiben kann. Das hätte ich mit einer „Olympia"-Schreibmaschine nie gekonnt. Denn da hätte ich viel Korrekturstreifen und auch Schreibpapier verbraucht.

Endlich ein Schreibtisch

Schon als Schüler - der lieben Ordnung halber - musste ein Schreibtisch her, der Inbegriff einer kleinen stillen Ecke zum Arbeiten und Ruhe zum Lernen, Schreiben und vielleicht Nachdenken.

Wir wohnten in einer Vier-Zimmer-Wohnung in Oberursel. Ein Schlafzimmer der Eltern, ein Schlafzimmer für meine drei Schwestern, ein Familien-/Wohnzimmer und eine Werkstatt. Als Sattler machte Vater Lederreparaturen und Sonderanfertigungen aus Leder.

Mein Klappbett stand im Bad. Ich ging auf die ernste „Endlernphase" für die Abschlussprüfung „Mittlere Reife" an der Landgraf-Ludwig-Schule in Bad Homburg zu. Auch war die hessische Prüfungskommission angesagt, weil es sich um einen Aufbauzug „Mittlere Reife" für die Landgraf-Ludwig-Schule handelte. Das setzte uns Schüler zweifellos unter einen gewissen Lerndruck, denn mit unseren fünfzehn Jahren waren wir schon etwas ehrgeizig. Unsere Lehrer waren natürlich auch interessiert, dass wir alle den Anforderungen der Kommission entsprachen und gut „abschnitten". Auch mein Freund Wolfgang, mit dem ich täglich mit dem Fahrrad von Oberursel nach Bad Homburg zur Schule fuhr, hatte einen motivierenden Einfluss. Vor der Abfahrt übten wir täglich „Expander ziehen" und auf dem Heimweg kommentierte er öfters: „Jetzt gilt's, das Abschlusszeugnis dieser Schule ist wichtig für unser weiteres Berufsleben – also strengen wir uns an!"

Scheinbar müssen mein „Lamentieren" und der immer wieder geäußerte Wunsch nach einem Schreibtisch ziemlich nachhaltig gewesen sein. Jedenfalls kam eines Tages ein Tischchen, 100 cm lang, 50 cm breit, gestiftet von einem Nachbarn, und wurde unweit meines Bettes unter der Fensterbank aufgestellt. Vorher musste noch der alte Kühlschrank weichen, ein hässliches beiges Möbelstück mit einem Blechfach an der Seite für Eisbrocken. Ich war überglücklich und richtete mich ein. Ein Tablett mit Schreibutensilien, Radiergummi, meine Schulbücher. In der Mitte des Tischchens gab es eine kleine Schublade für Taschenmesser und was man damals in dem Alter so hatte. Natürlich war die Sache ein Kompromiss, denn zu meiner Linken standen das Klappbett, rechts die Badewanne und das Waschbecken, durch einen Plastikvorhang abgetrennt. Aber ich fühlte mich wie in meinem eigenen kleinen Zimmer, wenn die Tür zu war, und ich konnte in Ruhe arbeiten und bestand meine Mittlere Reife mit einer guten Note.

Meine Schreibtische

Als ich in der dritten Klasse war, brachte mein Vater eines Abends nach der Arbeit einen Mahagoni-Sekretär für mich mit. Mein Vater überraschte uns häufiger, sei es wie mit diesem Sekretär, sei es mit einem großen Topf Honig, einem kleinen Hundwelpen oder einem neuen Auto, was plötzlich vor unserer Tür stand.

Vorher hatte ich Schularbeiten immer am Küchen- oder Wohnzimmertisch gemacht, jetzt, als ich mir mit meinem Bruder ein Zimmer teilen konnte, weil meine Großeltern eine eigene Wohnung gefunden hatten, bekam ich meinen ersten eigenen Sekretär.

Das Mahagoniholz und die goldenen Schlüssel glänzten um die Wette und er hatte so lange dünne Beine, dass kleine Schälchen untergestellt werden mussten, um den Fußboden nicht zu beschädigen. Unten waren zwei große Schubladen und oben hinter der Lade vier kleine, genügend Platz für alle meine Schätze: meine Briefmarkensammlung, meine Handarbeitsnadeln, Wolle und Stoffreste, mein Tagebuch und später auch meine Liebesbriefe.

Zum Schularbeiten klappte ich die Lade auf, nur leider waren meine an sich kurzen Beine zu lang, so dass ich immer schräg vor dem Schreibtisch saß, weil auch noch die goldenen Schlüssel der Schubladen im Weg waren. Ergonomisch war das sicher nicht, aber darüber machte sich damals niemand Gedanken.

Dieser Schreibtisch begleitete mich durch die gesamte Schulzeit und stand bis zum Schluss in meinem Zimmer, bis ich Jahrzehnte später das Haus meiner Eltern auflöste.

Während des Studiums schenkte mir meine Mutter zu Weihnachten einmal einen kleinen Klappschreibtisch, den ich anfangs gar nicht haben wollte, so dass ich hoffte, er sei ein Geschenk für meinen Bruder. Bei meinen vielen Umzügen erwies sich das Teil aber als ausgesprochen praktisch. Ich benutzte ihn für Schreibarbeiten und auch zum Nähen, denn eine Nähmaschine hatte ich mir inzwischen auch angeschafft.

Zum Ende des Studiums hatte ich einen lohnenden Job bei Medical Tribune, der Bildzeitung der Ärzte, ergattert. Meine Aufgabe war, Kongresse zu besuchen, Fotos von den Vortragenden zu machen und Kopien der Manuskripte zu besorgen, die dann Grundlage für die Zeitungsartikel waren. Schnell merkte ich, dass meine Chance auf die gewünschten Manuskripte sich deutlich erhöhte, wenn ich meine Haare frisch gewaschen hatte und ein kurzes Röckchen trug. Angeblich wurden die Artikel von Ärzten geschrieben und ich weiß nicht, ob ich wirklich die einzige Studentin war, die auch Artikel verfasste. Jedenfalls wurde das gut bezahlt und ich hatte zu dieser Zeit mehr Geld als Wünsche, ein angenehmer Zustand. Dafür schrieb ich aber des öfteren abends, wenn die anderen ins Kino oder ins Jazzlokal gingen, noch einen Artikel.

Mein nächster Schreibtisch kam aus einem Secondhand-Büroladen, war aus Metall und in einem warmen Gelbton. Mit seinen unterteilbaren Schubladen war er praktisch, geräumig und „unkaputtbar". Er stand in unserer ersten gemeinsamen Wohnung mit meinem Mann Thomas in Hannover und begleitete mich eine ganze Weile.

Als wir dann in unserem Haus in Dornholzhausen wohnten, brauchte ich einen großen Eckschreibtisch mit Schreibmaschinentischchen, weil ich in unserer Einliegerwohnung nicht nur Gutachten schrieb, sondern auch Patienten behandelte. Da musste ich mich schweren Herzens von meinem gelben Schreibtisch trennen, weil mein Mann nicht einsah, dass ich zwei Schreibtische hatte. Von den diversen Schreibtischen, die ich in Kliniken und Büros während meines Arbeitslebens nutzte, blieb mir wenig in Erinnerung. Es waren zu viele.

Jahre später nahm unser Sohn zum Studium seinen Schreibtisch mit und ich stellte dann einen hellen Schreibtisch für mich aus einer Büroauflösung an die Stelle und genoss das helle Zimmer, das so viel angenehmer war als die doch dunkle Einliegerwohnung.

Unsere Tochter ließ beim Auszug ihren Schreibtisch in ihrem alten Kinderzimmer zurück. Und so kam es, dass ich ihren Schreibtisch zum Arbeiten benutzte, als ich als Rentnerin wieder anfing, Gutachten zu Hause zu schreiben.

Als wir uns dann vor sechs Jahren verkleinerten und in die Altstadt von Bad Homburg zogen, nahm ich nur den Schreibtisch meiner Tochter mit, weil ich auch nicht wusste, wie lange ich noch arbeiten und ob sich eine Neuanschaffung noch lohnen würde. Darauf ist Platz für den Uraltrechner und Drucker, den Bildschirm, einen Aktenberg, zwei Telefone, Faxgerät, Laptop und iPad und sogar noch für unsere Katze, die je nach Tageszeit zum Vormittags- oder Nachmittagsschläfchen sich auf dem warmen Computer zur Ruhe legt, während ich arbeite.

Einmal, als ich gerade überlegte, für welchen Termin ich mich anmelden wollte, lief sie über die Tastatur und mit einem Pling kam die Meldung „vielen Dank für Ihre Anmeldung am …"

Nein, das war nicht der von mir gewünschte Termin und ich klärte die Angelegenheit unter allseitigem Gelächter mit einem Telefonat.

Jetzt zum Jahresende soll das System für die Außengutachter umgestellt werden, d.h. ich würde dann von meinem Computer aus mich in das Amtsnetz einwählen und direkt in den Daten arbeiten können. Dann würden die alten Geräte überflüssig sein und ich bräuchte nicht mehr so viel Platz. Für den Fall hat mein

Mann mir seinen halbrunden Designer-Glasschreibtisch, auf den ich schon länger ein Auge geworfen habe, zum Tausch angeboten und vielleicht wird das dann der letzte Schreibtisch in meinem Leben.

Schon heute steht fest: Ich habe in meinem Leben wesentlich mehr Zeit an Schreibtischen als in der Küche verbracht, was leider Familie und Gäste auch zu schmecken bekamen. – Aber vielleicht war das auch besser so!

Bei diesem Text habe ich das erste Mal mit meinem Handy diktiert und konnte dann am Laptop korrigieren. Wow, das sind neue Möglichkeiten, an die ich mich erst noch gewöhnen muss!

Das macht einfach Spaß!

Meine Apple-Geräte sind einfach meine liebsten Spielsachen und es gibt wohl noch eine Menge an unentdeckten Möglichkeiten für mich.

Tür und Tor

Gefängnistor

– Fröstelnd stehe ich auf dem Bürgersteig und lehne mich schützend an die Hauswand. Es ist ein trüber, nasser Novembertag. Ein milchiger Schleier gibt den Blick zur anderen Straßenseite frei. Dort öffnet sich automatisch ein riesengroßes graues Tor, welches über eine Metallschiene fährt. Bedächtig langsam schreitet mein Bruder hindurch. Manfred wirkt orientierungslos. Er ist fast bis auf die Knochen abgemagert. Vor dem mächtigen Gefängnistor geht er mal nach rechts, mal nach links, dann zielstrebig in die nächste Kneipe und bestellt sich ein Bier –.

Zitternd mit Schmerzen in der Magengegend erwachte ich. Den Rest der Nacht quälte mich meine blühende Fantasie, was denn alles in Wirklichkeit eintreten könnte. Auch die Morgensonne konnte den Inhalt dieses seltsamen Traumes nicht vertreiben.

„Dein Bruder ist verhaftet, und er sitzt schon eine ganze Weile in Untersuchungshaft"; diese erschütternde Nachricht hatte ich einige Tage zuvor von unserer Mutter erfahren. Abgesehen von dem Unrecht, welches er begangen hatte und ich in keiner Weise gutheißen konnte, beschäftigte mich ständig, wie es ihm persönlich ging. Mich beherrschte die Sorge um den jüngeren Bruder Tag und Nacht.

Mein Mann Bernd meinte, damit ich wieder zur Ruhe käme, sollten wir Verbindung zu den Behörden aufnehmen. Über einen Briefwechsel bekamen wir von diesen Erlaubnis, Manfred zu besuchen.

Bernd und ich machten uns auf den Weg nach Duisburg. Während der Fahrt schwiegen wir, jeder hing seinen eigenen Gedanken nach. Die meinen wanderten immer wieder zu dem Traum.

Vor Ort angekommen, traute ich meinen Augen nicht, denn wir standen nun tatsächlich vor einem Tor, wie ich es geträumt hatte. Mir wurde recht seltsam zu Mute, musste mich besonders anstrengen, Traum und Wirklichkeit auseinander zu halten. Über eine Sprechanlage trugen wir unser Anliegen vor, und tatsächlich öffnete sich das Tor automatisch auf einer Schienenleiste. Wie in Trance folgte ich den Beamten. Zum einen erzeugte der erste Besuch in einer Untersuchungshaft schon eine außergewöhnliche Anspannung und zum anderen stritten in mir Realität und Träumerei.

Ein zweiter Beamter brachte uns in einen Raum, in dem eine Taschen- und Körperkontrolle durchgeführt wurde. Mitgebrachte Zigaretten für meinen Bruder wurden mir abgenommen, Unwillen machte sich breit; denn schließlich hatte ich ja dafür Geld ausgegeben. Später erlaubten die Kontrolleure aus einem hauseigenen Zigarettenautomat neue Schachteln zu ziehen. Es hätte in den mitgebrachten Zigaretten ja etwas geschmuggelt werden können. Vielleicht eine Feile oder irgendetwas anderes. Ich fühlte mich als Statistin in einem Film. Naja, wir kannten uns schließlich mit den Erfordernissen und Regeln einer Vollzugsanstalt nicht aus, und somit entstand in unserer Ahnungslosigkeit so manches Missverständnis. Befangenheit breitete sich aus und ich war total eingeschüchtert.

Wir kamen in einen kleinen Raum, den ein Tisch über die gesamte Breite teilte. Auf der anderen Seite erwarteten uns schon mein Bruder und ein Vollzugsangestellter. Nach einer kurzen Begrüßung nahmen wir gegenüber Platz. Es entstand eine angespannte, beklemmende Atmosphäre. Trotzdem fühlte sich innerlich bei mir alles richtig an, diesen Besuch gemacht zu haben. Manfred schämte sich sehr, und wir führten ein ziemlich stockendes Gespräch. Unter anderem berichtete er, dass seine Zeit hier bald abgeschlossen sei und er dann in ein anderes Gefängnis verlegt würde. Sein Strafmaß betrug fünf Jahre unter Anrechnung der Untersuchungshaft. Auf unsere Frage nach irgendwelchen Wünschen bat er um einen Rechtschreibduden.

Nach der Verabschiedung, natürlich ohne Körperkontakt, gingen wir den gleichen Weg zurück. Erneut schob sich wie von Geisterhand gesteuert das bedrohlich wirkende Tor auf. Nur diesmal marschierten wir in die andere Richtung, die der Freiheit, und eine Zentnerlast der Beklemmung plumpste von uns. Ich verspürte große Erleichterung, diesen Schritt gemacht zu haben; denn in mir wuchs die Überzeugung, wir konnten Manfred Halt geben, und irgendwann würde sich auch für ihn das Gefängnistor in Richtung Freiheit öffnen.

Weiterhin standen wir in Verbindung, holten ihn regelmäßig an seinen Freigängen zu uns nach Hause und versuchten, ihn in ein normales Leben zu integrieren; denn bei erfolgsversprechenden Bemühungen hatte er Aussicht auf eine vorzeitige Entlassung. Eine eidesstattliche Erklärung von uns, ihn dann in unserer Familie aufzunehmen, trug auch zum Erfolg bei. Im Sommer 1984 war es dann so weit, er durfte nach Verbüßen von zwei Dritteln der Strafe das Gefängnis verlassen.

Noch einmal vermischt sich mein Traum mit der Wirklichkeit. Ich stehe erneut vor einem Gefängnistor. Diesmal öffnet es sich ganz weit bis zum Anschlag, ich sehe es als Zeichen für Freiheit. Ebenfalls unterstützt ein warmer, sonniger Tag meine positiven Gedanken. Mit einem Lächeln im Gesicht kommt Manfred schnell auf mich zu und ich hoffe, dass er nie mehr dieses stählerne, die Freiheit versperrende Tor passieren muss.

Der Schlüssel passt nicht

Immer wieder versuche ich das Türschloss zu öffnen. Der Schlüssel passt nicht, das muss ich nach meiner langen Anreise voller Entsetzen feststellen. Je öfter ich es probiere, um so mehr Gedanken beschäftigen mich. Der Schlüsselanhänger hat die Aufschrift „Schlüssel zum Glück", dabei komme ich mir wie ein riesiger Pechvogel vor.

Ich greife zu meinem Handy und rufe meinen Sohn an. Ganz vorwurfsvoll teile ich ihm mit, dass er mir offensichtlich den falschen Schlüssel gegeben hat. Er verneint dies vehement. Ihm ist es ebenso unbegreiflich, wie so etwas passieren kann. Er versichert mir aber, sich sofort mit der Hausverwaltung in Verbindung zu setzen, um einen Ersatzschlüssel zu besorgen. Ich beende das Gespräch in der Hoffnung, dass ihm dies gelingen werde.

Vor lauter Ratlosigkeit drücke ich jetzt mit beiden Händen auf sämtliche in der Hauswand angebrachten Klingelknöpfe, erschrecke aber ein wenig, als ich schlurfende Schritte im Flur höre. Die Haustür öffnet sich und ein Mann in grauer Jogginghose schaut mich etwas missmutig an. Unvermittelt erkläre ich ihm meine verzweifelte Situation, ebenso, dass mein Sohn mit seiner Familie im ersten Stock eine Eigentumswohnung erworben hatte. „Von wem?", fragt er neugierig. „Ich kenne weder die Dame noch deren Namen", antworte ich ihm. „Welche Wohnung ist es denn?", hakt er nach. „Na, die Wohnung in der Mitte", sage ich, „aber die Besitzerin ist gestorben."

Hinter dem Mann erscheint eine Frau, die wohl Teile unseres Gesprächs gehört hat. Sie fragt ebenfalls nach der Wohnung, welche gekauft wurde, die Wohnung im ersten Stock in der Mitte.

„Die Dame, die dort gewohnt hat, ist gestorben", wiederhole ich.

Dieser Satz löst bei ihr völlige Fassungslosigkeit aus. Sie nimmt ihr Telefon, das sie in der Hand hat, wählt ihre Freundin an. „Frau B. haben Sie es schon gehört, Frau H. ist gestorben!"

Ein kurzer Wortwechsel noch, dann gibt sie mir das Telefon. Ich bin hilflos, was soll ich der Frau sagen. „Hallo", schallt es mir entgegen, „Ach, ich war ja letzte Woche noch mit ihr spazieren und jetzt dies, ich kann es nicht glauben!" Ich sage nur, „es tut mir leid" und reiche das Telefon an die Besitzerin zurück. Jetzt klingelt mein Handy. Mein Sohn hat gute Nachrichten, ich kann mir einen Ersatzschlüssel im zehn Kilometer entfernten Ort abholen. Die Firma finde ich auf Anhieb, sogar nach wenigen Minuten den Löwen aus Holz, unter dem der Schlüssel deponiert ist.

Zufrieden fahre ich zurück und freue mich, endlich den richtigen Schüssel in der Hand zu haben. Im Ferienhaus angekommen, sehe ich vorerst niemanden im Hausbereich. Sicher sind noch alle mit dem plötzlichen Tod ihrer Nachbarin beschäftigt.

Voller Vorfreude stecke ich meinen Ersatzschlüssel ins Schloss und augenblicklich kommen mir die Tränen. Wut und Enttäuschung könnten nicht größer sein, denn der Schlüssel passt wieder nicht.

Mein Aufschrei ist wahrscheinlich so laut, dass die vorherigen Gesprächspartner plötzlich im Flur stehen und mir erneut die Tür öffnen. Beide schauen mich ungläubig an, dann fragt die Frau ganz bissig: „In welches Haus möchten Sie denn eigentlich?" Ich schaue aus meinen Augenwinkeln nach links an die Hauswand. Mein Blick bleibt auf einer mir unbekannten „Nummer 6" hängen. Blitzartig wird mir klar, dass ich mit dem richtigen Schlüssel im falschen Haus bin.

„Ich möchte in die Nummer 4", sage ich kleinlaut. „Hier ist aber die Nummer 6!", gibt mir die Frau voller Schadenfreude zu verstehen. Ich entschuldige mich höflich und gehe eiligen Schrittes zum etwas zurückliegenden Haus Nummer 4.

Mit zittrigen Händen und voller Anspannung stecke ich den Schlüssel ins Schloss. Er passt.

Weg zum Licht

Seit einigen Wochen schon steht „ER" unheimlich und bedrohlich hinter dem Krankenbett meines Mannes, welches wir in unserem Wohnzimmer eingerichtet haben. Am Leben teilhaben sollst du, trotz deines Gesundheitszustandes, und nicht im ersten Stock des Hauses so gar nichts mitbekommen. Auch ich habe mein Nachtlager zwischenzeitlich auf der Couch eingenommen,

damit ich jederzeit für Dich erreichbar sein kann.

Neben den täglichen Gebeten zu Gott und allen Heiligen halte ich auch stumme Zwiesprache mit „Ihm" hinter Deinem Bett und bitte ihn inständig darum, dass er warten solle, bis Stefan – unser Sohn – von der Schülerfreizeit aus London zurück sein würde. „Noch zwei Nächte, dann ist Stefan wieder zu Hause", so lautet meine Bitte. Ich hoffe inständig, dass „Er" meinem Flehen nachkommt. Ich habe den Eindruck, dass sich die Tür wieder ein wenig schließt. Du bist auch noch nicht bereit, durch diese Tür zu gehen.

Rückblickend denke ich daran, dass unsere Gebete und mein Flehen meiner Meinung nach doch geholfen haben, als wir die Diagnose Deines Arztes erhielten: „Herr Pietrowski, Sie haben eine Lebenserwartung von höchstens zwei Jahren. Sie haben ein Glioblastom in Ihrem Kopf. Ordnen Sie ihre Angelegenheiten und leben Sie bis dahin." Das war ein Keulenschlag und drehte unser Leben total um. Dieses Damoklesschwert hing von nun an über uns. Wie geht man damit um? Warten, bis die zwei Jahre vergangen sind; so leben, als wäre nichts?

Du, der bei 37,5 Körpertemperatur am liebsten gleich Wadenwickel brauchtest, hast Dich als Kämpfer gezeigt. Hast Bestrahlungen und alles, was damit einhergeht, über Dich ergehen lassen. DU WOLLTEST LEBEN!

Bist sogar wieder halbe Tage arbeiten gegangen und hast ein fast normales Leben führen können. Deine Ärzte staunten bei den Nachuntersuchungen. Ein Arzt sagte: „Herr Pietrowski, ich denke, wir müssen die Lehrbücher umschreiben."

NEUN Jahre hast Du aus den diagnostizierten zwei Jahren gemacht und wir hatten im Rückblick trotz dieser lebensbedrohenden Erkrankung ein erfülltes, glückliches und ein sehr intensives Familienleben. Dein Humor und Deine Zuversicht haben uns geholfen und getröstet.

Seit einigen Wochen treten in einer rasanten Weise körperliche Beeinträchtigungen auf. Du kannst dich nicht mehr richtig artikulieren, Deine Hände gehorchen dir nicht mehr. Du bist jetzt auch nicht mehr in der Lage, dich aus eigener Kraft fortzubewegen.

Die Tür ist wieder weiter geöffnet und „Er" ist immer deutlicher hinter dem Krankenbett zu erkennen.

Es ist Samstag, früh am Morgen. Stefan kommt von seiner Reise, die für ihn auch nicht ohne Sorgen und Ängste war, wieder nach Hause.

Eine ganz herzliche Begrüßung von euch Beiden, mit großer Erleichterung bei uns allen. Du umarmst Stefan und ganz deutlich und mit einem tiefen Seufzer sagst du: „Mein Junge".

„Danke dir, lieber Gott, und allen Heiligen für Eure Gnade."
Am Sonntag – bei der Morgentoilette – bemerke ich, dass deine Fußsohlen blau-schwarz sind. Du bist zwar wach, hast jedoch keine Kraft, deine Augenlider zu öffnen. Ich spreche mit dir und merke an deiner Mimik, dass du mich hörst. Die Gestalt des Todes, der hinter deinem Bett steht, ist sehr viel deutlicher. „Er" greift nach dir. „Er" will nicht mehr warten. Es ist Zeit, den Pfarrer zu holen. Du empfängst das Sterbesakrament in aller Würde. Dein Atem geht ruhig.

Die Tür ins Jenseits ist nun ein ganzes Stück weiter geöffnet.

Stefan und ich halten dich in unseren Armen. Plötzlich schlägst du deine Augen ganz weit auf. Du schaust ins Weite, mit einem überirdischen Strahlen im Gesicht, das uns bis tief ins Herz berührt. Stefan ruft: „Papa, Papa, bitte bleib hier!" Ich antworte ihm leise: „Wir müssen Papa jetzt gehen lassen, Stefan. Er wird von einem Licht auf der anderen Seite gezogen und wir dürfen ihn jetzt nicht mehr halten." Woher ich diese Kraft und das Bewusstsein habe, weiß ich nicht. Es tut so unbeschreiblich weh. Du machst drei ganz tiefe Atemzüge, dann wird es still. Im Raum und in uns. So still, dass jeder von uns weiß, das hier ist für immer.

Die Welt hier bleibt stehen.

Wir lassen dich los und du gehst mit dem Licht durch die nun weit geöffnete Tür in eine unbekannte Welt.

Mein eigenes Tor

Da steht es vor mir, dieses große undurchdringliche Tor, kalt und schwer. Das Tor gibt nicht eine Spur nach. Ich bin zu klein und schwach, um es öffnen zu können. Mein zaghaftes Rütteln und Klopfen ignoriert es.

Aufgewachsen in den fünfziger Jahren, als uneheliches Kind einer Heimatvertriebenen war bei meinen Großeltern mütterlicherseits meine Kindheit (bis zur Schulzeit) einfach in Ordnung.

Meine Welt war mein Großvater, meine Großmutter sowie meine Mutter. Ich bemerkte nicht, dass ein Vater fehlte. Ein Vater gehörte nicht zu meinem Bild der Geborgenheit und Fürsorge. Der fehlende Vater wurde mir erst bewusst, als ich in dem damals noch überschaubaren Ort Köppern, wo jeder jeden kannte, eingeschult wurde.

Da stellten mir plötzlich Schulkameraden Fragen nach meinem Vater.

45

„Wo ist dein Vater, warum hast du keinen Vater?"

Erst Jahre später wurde mir klar, dass nicht meine Mitschüler, sondern deren Eltern hinter allem standen. Damals war es eine Schande, unehelich ein Kind zu bekommen, erst recht ein uneheliches Kind zu sein.

Ich konnte diese Fragen aber nicht beantworten. Mir ging es nicht gut dabei. Ich mochte meine Schulkameraden, freute mich auf den Unterricht, hatte aber Angst vor diesen Fragen. So entschloss ich mich, meine Großmutter danach zu fragen. Dieser war das unangenehm und sie verwies mich an meine Mutter. Sie solle mir die Antworten geben.

Ich fasste mir ein Herz und stellte meiner Mutter diese Fragen. Ich hatte Angst davor. Meine Mutter forderte von mir bedingungslosen Gehorsam und Fleiß. Kinder haben keine Fragen zu stellen und sollen nicht bemerkt werden. Es sei denn, man ruft sie. Auf meine Frage, wer mein Vater sei und wo dieser sich aufhalte, antwortete sie mir:

„Da musst du halt sagen, dass er im Ausland arbeitet und irgendwann kommt. Ich möchte keine Fragen dieser Art mehr haben. Wenn du nicht brav bist, dann kann es passieren, dass du in ein Heim kommst. Dann wirst du schon sehen! Außerdem wächst bei Kindern, die nicht brav sind, einmal die Hand aus dem Grab und jeder kann es dann sehen."

Ich schwieg und wollte brav sein und erfand immer neue abenteuerliche Antworten auf das Drängen meiner Kameraden. Irgendwann ging daran aber das Interesse verloren und dieses eiserne Tor verschwand aus meiner kleinen Kinderwelt.

Als ich neun Jahre alt war und von der Schule nach Hause kam, stand ein großer Möbelwagen vor unserem Haus. „Oh, wir bekommen neue Möbel", dachte ich.

Meine Mutter trat aus der Haustür, strich mir über den Kopf und sagte, sie ziehe jetzt weg. Ins Nordhessische, nach Homberg an der Efze. „Da gibt es vier mutterlose Kinder und da ziehe ich jetzt hin. Die brauchen mich. Sei brav und höre auf die Großeltern." Das Tor stand plötzlich wieder ganz massiv vor mir.

Meine Mutter heiratete den Witwer mit den vier Halbwaisen und bekam noch drei gemeinsame Kinder mit ihm. Ich jedoch blieb bei meinen Großeltern in Köppern und verstand die Welt nicht mehr. Das verschlossene Tor brachte mich oft zum Weinen.

Die Sommerferien verbrachte ich in Homberg. Während meiner Aufenthalte in der Großfamilie durfte ich aber nicht so ausgelassen sein, wie ich es gerne gewollt hätte. „Du bist die Große, benimm dich und helfe mir im Haushalt! Ich möchte mich nicht für dich schämen." Mit meinen Geschwistern verstand ich mich gut. Das ist bis auf den heutigen Tag auch so geblieben.

Ich fühlte mich immer in der Schuld. Besser sein, jedoch nicht zu gut, damit man nicht auffällt und keiner neidisch auf einen ist. Extreme Schwerstarbeit für ein Kind.

Das Tor war immer noch da. Ich stellte im Laufe der Jahre immer mal wieder mit immer noch pochendem Herzen Fragen nach meinem Vater. Meine Großmutter gab mir dann ein paar konkretere Antworten. Jedoch von dem Wesen dieses Vaters erfuhr ich weiterhin von Mutters Seite nichts. Ich wollte doch nur etwas über meine Wurzeln erfahren, ganz besonders zu der Zeit, als ich selbst Mutter wurde. Auf meine wiederholten Versuche bekam sie sogar hysterische Anfälle und drohte mit ihrer Herzerkrankung. Diesen Tod hätte ich dann zu verantworten.

Also war ich weiterhin brav, entschuldigte meine Mutter und zeigte immer wieder das Verständnis, welches sie von mir still einforderte.

Meine Mutter ist vor einigen Jahren gestorben. Dass sie mir Antworten verwehrte, macht mich traurig und schmerzt immer noch, aber ich habe meinen Frieden mit ihr machen können.

Vermutlich hatte meine Mutter ihre ganz persönlichen Gründe, warum sie ihr Leben damals so gestaltete. Da war wohl ein Tor – vielleicht sogar mein Tor –, das sie nicht öffnen konnte.

Mein großes unüberwindbares Tor steht nicht mehr vor mir. Es hat keine Macht mehr über mich. Das Tor, welches in der Vergangenheit nur für mich da stand, ist verblasst. Die Antworten auf all die Fragen sind nicht mehr wichtig. Es ist sehr viel Zeit vergangen und ich habe erkannt, dass es im Leben Tore gibt, die einem verschlossen bleiben.

Meine West Side Story

Ein Blick genügt und ich weiß, hier will ich nicht bleiben. Die Tür, vor der ich stehe, verheißt nichts Gutes. Klinke, Schloss, Rahmen und alles drumherum sind wie ein offenes Buch, das keine schönen Geschichten erzählt. Der Rahmen sieht aus, als wäre versucht worden, ihn aus dem Mauerwerk zu schlagen, überall bröckelt der Putz, die Tür, als sei sie aus den Angeln gehoben, aber verkehrt wiedereingesetzt worden. Ja, und das Schloss, das wurde wohl schon so oft mit Gewalt herausgebrochen und danach repariert oder ausgetauscht, dass rundherum die Farbe abgeplatzt ist und die blanken Holzsplitter herausragen. Am liebsten wäre ich gleich davon gelaufen, aber ich stecke in einem Dilemma, denn Herbert ist so froh, endlich ein kleines möbliertes Apartment gefunden zu haben, das auch noch bezahlbar ist.

Gut sechs Wochen zuvor, im November 1965, waren mein Mann und ich mit dem Schiff in New York angekommen und hatten auch gleich Arbeit gefunden. Nach vorheriger Absprache mit Martha, einer guten Freundin, waren wir für die erste Zeit bei ihr untergekommen, um uns dann in Ruhe eine passende Bleibe zu suchen. Weihnachten war nun vorbei und ab Anfang Januar konzentrierten wir uns auf ein möbliertes Einzimmer-Apartment, vorzugsweise auf der oberen East Side, weil hier mein Arbeitsplatz lag und ich mich gut auskannte, denn ich war zuvor – von 1960 bis 1963 – schon einmal in den USA gewesen. Obwohl ich damals auf der oberen West Side direkt am Central Park gelebt und gearbeitet hatte, war ich doch mehrmals in der Woche in wenigen Minuten mit dem Bus durch den Park hinüber gefahren, um in dem kleinen deutschen Viertel Yorkville mit Geschäften,

Cafés, Restaurants, Kneipen und sogar einem Kino, das deutsche Filme zeigte, ein bisschen Heimatluft zu schnuppern. Und in einem dieser Geschäfte arbeitete ich nun als Verkäuferin, nur zwei Blocks von Marthas Wohnung entfernt.

Während unserer Wohnungssuche hatten wir schon einiges gehört, gesehen und erlebt. Für meinen Mann ohne Englisch-Kenntnisse war New York City wie ein Sprung ins kalte Wasser, eine ganz neue Erfahrung, aber nicht nur für ihn. Zuvor hatte ich gut behütet und sorgenfrei in einer liebenswerten Familie gelebt. Nun aber lernte ich den Schmelztiegel New York von einer ganz anderen, mir fremden Seite kennen, die sich hart und erbarmungslos offenbarte, dabei glaubte ich, viel über die Stadt zu wissen. Was uns hierbei als Wohnungen angeboten wurde, ist kaum vorstellbar, obwohl ich weder verwöhnt noch anspruchsvoll war. Bei einer dieser Besichtigungen machten wir aus Mangel an Erfahrung dummerweise eine höhere Anzahlung, – es war in der 96. Straße auf der West Side, schon ziemlich nahe an Harlem – nach reiflicher Überlegung wollte ich da nicht mehr hin: Der Vermieter, ein zwielichtiges deutsches Schlitzohr mit riesigem Schäferhund, den man besser nicht streichelte, schockierte uns mit übertriebenem weiblichen Getue und halbseidenen Anspielungen. Während des Gesprächs mit ihm schauten immer wieder einmal frauliche Männer oder männliche Frauen – das war nicht so leicht zu unterscheiden – vorbei, um etwas zu fragen, zu holen, auszurichten. Vermutlich wohnte das ganze bunte Völkchen in trautem Einvernehmen in jenem Haus. Da waren wir beide ganz sicher fehl am Platz. Das Geld bekamen wir natürlich nicht zurück.

Und nun stehen wir vor dieser verschandelten Tür im ersten Stockwerk eines Reihenhauses in der 87. Straße und wieder auf der verflixten West Side. So wie dieses Backsteinhaus, mit den vier Stufen bis zum Eingang und drei Stockwerke hoch, sehen alle anderen Häuser – eines an das andere gebaut – in dem langen Block zwischen Central Park West und Columbus Avenue auch aus. Es zeigt nicht an, dass es eine Pension oder, wie man hier sagt, ein „Boarding House" ist. Herbert ist nach der Arbeit verschiedene Straßen abgelaufen, denn dort, wo es Vermietungen gibt, ist es außen angeschrieben. Da er auf der East Side schon alles abgeklappert hatte, ist er auf die andere Seite des Parks gefahren und fündig geworden. Er hatte dem Pensionswirt klar gemacht, dass er in einer Stunde mit mir zusammen zurück kommen würde.

Der Pensionswirt, ein Puertoricaner – schon allein diese Tatsache schreckt mich ab – ist im Begriff die Tür aufzuschließen, dabei hätte es, meiner Meinung nach, nur einen kleinen Schubs gebraucht, um sie zu öffnen. In mir sträubt sich alles, einen Schritt über die Schwelle zu setzen. Herbert kann es nicht fassen, dass ich mich so anstelle. Der Vermieter bemerkt mein Zögern, wird ungeduldig. Also gut, ich schaue es mir an, obwohl ich genau weiß, was mich erwartet. Wir treten ein, er lässt uns allein. Ich sehe mich um, es bietet sich das übliche Bild: alte, heruntergekommene Möbel, Fenster mit Gitter und Stofffetzen, die einmal Gardinen gewesen sind, Kissen und Decken liegen durcheinander herum, dann die Kochnische –, nee, nee, hier werde ich nie etwas kochen, nicht einmal Wasser! Und das Bad! Beim Licht anknipsen huscht eine flinke Kakerlake quer durch die Badewanne und mir ein Schauer über den Rücken.

„Hier bleibe ich nicht, lass uns gehen!", sage ich.

„Aber hier haben wir erst einmal alles, was wir brauchen, sei nicht so pingelig!"

„Es sieht aus, als wohne hier noch jemand! Und dann noch auf der West Side! Weißt du, was das hier für eine Nachbarschaft ist?", frage ich ihn.

„Die Nachbarschaft kann gar nicht so schlimm sein", meint

er, „schließlich sind es nur ein paar Schritte zu den prachtvollen Apartment-Häusern am Central Park und gleich um die Ecke hast du früher in einem dieser Luxus-Häuser gearbeitet."

Da hat er recht, aber schon damals habe ich auch gewusst, dass sich in den Seitenstraßen immer mehr Puertoricaner ansiedelten, die die einstmals gute Nachbarschaft in Verruf gebracht haben. Immer wieder tauchen sie in negativen Schlagzeilen auf, verwickelt in Überfall, Einbruch und Diebstahl, aber auch Schlimmerem. Zu meiner Antipathie den Puertoricanern gegenüber hat auch das populäre Musical „West Side Story" beigetragen, das lange Zeit am Broadway gelaufen ist und nun verfilmt wurde. Das alles geht mir im Kopf herum, während ich überlege, wie ich aus diesem Schlamassel herauskomme. Mein Blick geht zur Tür. Nun sehe ich von innen den Ritz zwischen Tür und Angel, an manchen Stellen so breit, dass ich meine Fingerspitzen durchstecken kann. Ich gehe hinaus und sehe bei geschlossener Tür einen hellen Lichtstrahl von innen und kreische:

„Man kann ja von draußen herein sehen in die Wohnung!"

„Sei doch nicht so kleinlich, wer macht denn so etwas?"

So argumentieren wir eine ganze Weile hin und her, ohne einen gemeinsamen Nenner zu finden. Mein Innerstes wehrt sich, möchte schreien, sagt aber: „Beruhige dich, denk nach!" Tatsache ist, dass wir auf keinen Fall noch länger bei Martha wohnen bleiben wollen. Somit gebe ich mich geschlagen. Beim Pensionswirt zahlen wir eine Woche im Voraus, so ist es üblich. Zu meinem lieben Mann sage ich nur drei Wörter:

„Höchstens zwei Wochen!"

In den nächsten Tagen kaufe ich Wäsche, Decken, Geschirr, denn auf keinen Fall könnte ich die vorhandenen Sachen benutzen. Dann ziehen wir ein mit unseren zwei Koffern. Unser kostbarstes Gut ist ein billiger Fotoapparat, sonst nur Bekleidung und Schuhe. Das Geld, das für eine eventuelle Rückreise nach

Deutschland vorgesehen ist, ruht sicher auf einer Bank. – Der Januar 1966 ist bitterkalt. Herbert fährt manchmal schon kurz nach sechs Uhr mit der U-Bahn los, wenn er ganz hinunter an die Südspitze von Manhattan zur Arbeit muss, mein Job im „Bremen House" auf der East Side beginnt um neun Uhr. Auch hier ist es eisig, denn die Eingangstür steht den ganzen Tag offen. Aber es ist nicht nur die Kälte, die mir zusetzt, es ist das Grauen vor dieser Wohnung, zu der ich jeden Abend zurückkehre, es ist die Tür, von der ich nachts das Gefühl habe, jemand steht davor, belauscht und beobachtet uns, versucht einzubrechen, da hilft auch nicht der schwere Sessel, mit dem wir sie allabendlich verbarrikadieren.

In dem Haus geht es bei Nacht zu wie im Taubenschlag. Treppen-Rennen hoch und runter, untermalt von einem endlosen Geschnatter, das die von mir so gern gehörte spanische Sprache hässlich klingen lässt. Von oben dröhnt ununterbrochen aufreibende Latino-Musik à la Puerto Rico, es ist Party ohne Ende, lautes, sich überschlagendes Stimmen-Gewirr, Jauchzen, Lachen, Schreie, Tanzschritte. Das ist lästig und zermürbend nach meinem Achtstundentag hinterm Ladentisch. Unheimlich, ja, richtig gruselig wird es aber dann, wenn anhaltendes, verschwörerisches Gemurmel von vielen Stimmen, danach ein seltsamer, sich immer wiederholender Sing-Sang wie in Trance zu uns herunter dringt, der mit einem markerschütternden Schrei, der mich erschaudern lässt, seinen Höhepunkt erreicht. Gequält sage ich: „Jetzt haben sie dem Huhn den Kopf abgeschlagen!" und zittere am ganzen Körper, denn für mich steht fest, ich bin gerade, wenn auch durch zwei Stockwerke getrennt, Zeugin einer Voodoo-Session gewesen. Was mir aber wirklich Angst macht in diesem Haus, sind die lautstarken Auseinandersetzungen, dann fällt auch schon mal ein Schuss, danach setzt fluchtartiges Trampeln im Treppenhaus ein, das fast immer vor unserer Tür kurz zum Stillstand kommt, und ich höre im Geist vor der Tür Stimmen sagen: „Und hier also wohnen jetzt Weiße!" Danach ist an Schlaf nicht mehr zu denken.

Während der ersten Zeit in diesem Haus bin ich von Zweifeln geplagt, immer wieder bestimmen negative Gedanken bis hin zur Hoffnungslosigkeit meinen täglichen Ablauf. Sie zehren an Geist und Körper. Und was ich nicht für möglich gehalten habe: Ich werde ernsthaft krank! Es kommt einiges zusammen. Martha empfiehlt mir einen guten Gynäkologen. Eine Krebs-Untersuchung wird gemacht und eine zehntägige Halbstunden-Therapie in einem Krankenhaus verordnet. Das bedeutet, ich kann nicht arbeiten gehen. Ich bin also den ganzen Tag allein in diesem verhassten Apartment. Was ich während dieser Zeit feststelle, ist, dass im Haus tagsüber eine himmlische Ruhe herrscht, keine laute Musik, kein Getrampel im Treppenhaus und ich bin nun auch sicher, dass nicht den ganzen Tag jemand vor der Tür steht, um durch den Ritz, den wir, so gut es geht, abdichten, zu schielen oder das ramponierte Schloss zu knacken. Nach zehn Tagen gehe ich auf eigene Verantwortung wieder arbeiten.

Am Abend dieses ersten Arbeitstages kommt Herbert mich abholen. Er zeigt mir einen Zettel, fragt, ob ich in meiner Mittagspause in der Wohnung gewesen bin, weil die Türen und Schubläden der Schränke alle offen stehen und auf dem Tisch dieser Fetzen Papier mit englischem Text gelegen hat. Ich lese, muss einen Schrei unterdrücken, denn ich kann nicht glauben, was unser Pensionswirt in knappen Worten aufgeschrieben hat: „Bei Ihnen wurde eingebrochen, melden Sie sich bei mir!"

Das Erste, was mir einfällt, ist die Tür. Sie hat mir von Anfang an etwas mitteilen wollen.

Dann denke ich, wie gut, dass die Diebe nicht gestern gekommen sind, und als nächstes muss ich schmunzeln, fast habe ich Mitleid mit den Gangstern, denn es gibt nichts von Wert zu holen bei uns! Bevor wir zum Pensionswirt gehen, schaue ich mir die Wohnung an. Das Türschloss ist so wie vorher auch, entweder hat jemand den passenden Schlüssel oder es wurde schon wieder zum zigsten Mal notdürftig repariert. Aus dem Schrank fehlt einiges an Bekleidung und Schuhen, unser Wecker, der Foto-Apparat und Kleinigkeiten. Das ist nicht tragisch, aber der Gedanke, dass fremde Hände in unseren Sachen herumgewühlt haben, ist unangenehm.

Der Puertoricaner kommt hinzu, macht uns auf zwei große weiße Papier-Einkaufstüten mit Bindfaden-Griffen und der farbigen Aufschrift „Bremen House" aufmerksam, die in einer Ecke stehen, und er berichtet, dass er zwei, ihm unbekannte, junge Schwarze zufällig beobachtet habe, wie sie mit diesen voll gepackten Tüten das Haus verlassen hätten. Das sei ihr Verhängnis gewesen, denn er wisse, dass ich im „Bremen House" arbeite. Sofort habe er die Polizei gerufen, die in Minuten da gewesen sei und die beiden Diebe eine Straße weiter überrascht habe. Alle unsere Habseligkeiten sind noch vorhanden, bis auf den Wecker, den hat wohl einer der Puertoricaner in seiner Jackentasche verschwinden lassen.

Nachdem ich diesen Vorfall verdaut habe, fühle ich so etwas wie Gelassenheit, was sollte jetzt noch passieren? Sicher spricht es sich im Ganoven-Milieu herum, dass bei diesen Weißen nichts zu holen ist. Jeder hier erlebt einmal einen Überfall oder Einbruch, so sagen die Einheimischen. Unserem Pensionswirt sind wir dankbar, dass er so schnell gehandelt hat. Dieses Erlebnis hat meine Sicht auf Puertoricaner ziemlich gemildert. Zwei von ihnen haben uns alles genommen, durch einen anderen haben wir fast alles zurückbekommen.

Die tägliche Fahrt durch den Central Park auf die East Side zur Arbeit und zurück, die triste Wohnung, die grauen, eisigen Wintertage werden zur Routine. Dann aber, mit den ersten wärmenden Sonnenstrahlen und lauen Lüften verfliegen allmählich meine dunklen Gedanken. Hoffnung, Mut und, Gott sei Dank, auch Gesundheit kehren zurück, denn es wird Frühling im Big Apple und im Central Park blühen die Magnolien.

Letztendlich werden aus den „höchstens zwei Wochen", die ich bereit gewesen bin in dieser Grusel-Wohnung auszuharren, vier Monate. Dann fällt diese schäbige Tür – auf nimmer Wiedersehen – ein letztes Mal hinter mir ins Schloss.

Himmel

Bormann *Gisela*

Dem Himmel nah

Majestätisch ragt er gen Himmel – der Berg,
ihn zu erobern ist mein Ziel.
Steil, kurvenreich, steinig, schmal – die Wege,
sie zu bewältigen ist recht mühsam.
Tief mit grauem Nebel bedeckt – das Tal,
kein suchender Blick findet es.

Ungetrübt und schneebedeckt – der Gipfel,
ich hab ihn erreicht, die Mühe verflogen.
Kühle und Frösteln, um mich herum – der Wind,
mit überschäumender Freude ertrage ich ihn.
Ruhe und Stille, endlose Weite – die Freiheit,
hilft die Sorgen zu vergessen.

Wolkengesichter lächeln in großer Zahl – der Himmel,
magischer Ort voller Geheimnisse.
Zärtlich leise murmeln in sanftem Ton – Stimmen,
„Hier oben bist du klein und nichtig!"
Berge haben es möglich gemacht:
den Himmel mir nahe gebracht!

Über den Wolken

Gespannt waren wir Studenten auf die Reise zur Götterinsel Rhodos und zum Lieblingsort des englischen Dichters Lord Byron. Damals wartete eine Propellermaschine in Frankfurt auf uns.

Mit äußerst gemischten Gefühlen ging ich über die Gangway in das Flugzeug. Ich hatte nämlich mächtige Flugangst. Nicht nachvollziehbar für meine Freunde, die sich über mich lustig machten. Mein ganzes Inneres war ein einziger Angstknoten. Kaum im Sitz begannen die Hände zu beben und wurden feucht. Mir wurde kalt und heiß. Meine Freundin legte ihren Arm um mich: „Es wird schon alles gut gehen!" Ich schaltete völlig ab, verkroch mich in mich selbst und war nur noch hilflos. Die Motoren begannen zu dröhnen, das Flugzeug ruckelte ein wenig, dann rollte es zur Startbahn. Die Motoren heulten auf, das Flugzeug wurde schneller und schneller und oh Wunder, wir waren plötzlich in der Luft. Ich saß stocksteif in meinem Sitz. Der Pilot meldete sich mit ruhiger Stimme: „ Bitte bleiben Sie angeschnallt, wir werden voraussichtlich einige leichte Turbulenzen durchfliegen."

Diese Ansage löste bereits Panik in mir aus. Und es kam, wie es kommen musste. Das Flugzeug rüttelte und schwankte, mal stieg es ein wenig, mal sackte es leicht ab. Für mein Nervenkostüm war das schrecklich. Ich krallte mich am Sitz fest und betete zu allen Heiligen des Himmels. Zu allem Überfluss musste ich dringend ein gewisses Örtchen aufsuchen. Mit Hilfe einer netten und verständnisvollen Stewardess taumelte ich in den hinteren Flugzeugteil.

Unterdessen rüttelte und schüttelte sich das Flugzeug etwas

heftiger. Ich hielt mich an den Stangen im Örtchen fest. Gerade als ich Anstalten machte, mich niederzulassen, schoss das Flugzeug hoch. Und da passierte es. Ich saß plötzlich mit einem dumpfen Geräusch wie der Korken in einer Weinflasche fest. Ein gewaltiger Schreck durchfuhr meine Glieder, ich war völlig erstarrt. Jeder Versuch, mich zu erheben, war umsonst. Mit beiden Händen wollte ich mich hochstemmen. Vergebens. Eine unsichtbare Gewalt hielt mich in dieser misslichen Lage gefangen. Ich war angesaugt. Ich ruckelte unter größten Anstrengungen hin und her, ohne Erfolg. Der Angstschweiß brach mir aus. Alle heiligen Nothelfer des Himmels flehte ich an, mir zu helfen. Nichts, sie ließen mich im Stich. Sollte ich den roten Notknopf drücken?

Gewiss würde eine hilfreiche Stewardess herbeieilen. Ich konnte mir lebhaft vorstellen, wie das auf sie wirken würde. Der Lächerlichkeit wäre ich ausgeliefert! Mittlerweile zitterte ich unkontrolliert, Tränen kullerten über meine Wangen. Es half nichts. Das war es, Schicksal, Kismet oder was auch immer. In meiner Verzweiflung stemmte ich mich noch einmal hoch und da machte das Flugzeug einen Satz nach unten, es sackte ab. Und ich wurde mit einem schmatzenden Geräusch plötzlich befreit. Sofort rappelte ich mich auf, zog mich an, und wie von Furien gehetzt verließ ich das verhängnisvolle Örtchen.

„Was war denn mit Dir los, ist es Dir nicht gut? Du siehst ja schrecklich aus." Meine Freundin schaute mich besorgt an. „Mir war sehr elend, aber es geht wieder", stammelte ich.

Eine schaukelnde Landung beendete den für mich schrecklichen Flug. Am Abend, in unserem Hotelzimmer, konnte ich es mir nicht mehr verkneifen, meiner Freundin die Örtchen-Geschichte zu erzählen und mein gemartertes Hinterteil zu betrachten. Es hatte einen knallroten kreisrunden Ring. Wir gackerten und lachten so laut, dass am anderen Tag einige Freunde fragten:

„Was war denn bei euch los?" Wir haben es aber nicht verraten.

Diese Flugreise über den Wolken zur wunderbaren Insel Rhodos werde ich nie vergessen. Flugangst habe ich immer noch.

Glaab *Corinna*

Pieta auf der Reichenau

Die Sonne strahlte, die Bläue des Himmels spiegelte sich im See, das gegenüberliegende Ufer zeigte so klar und nah seine Bergwelt.

Von unserem Urlaubsort Langenargen aus machten wir einen Ausflug zur Bodenseeinsel Reichenau, dieser ruhigen Oase. Ein tiefes Erlebnis hatte ich dort in der alten romanischen Kirche St. Georg. Diese Basilika ist berühmt durch ihre Monumentalmalereien, geschaffen von Reichenauer Mönchen. Ich entdeckte dort auch die alte Skulptur, eine Pieta, die mich bis zu Tränen ergriffen hat. So gefühlsecht, so ausdrucksstark, Leid und Vollendung darstellend.

Auf dem Schoß der trauernden Mutter Maria liegt ihr Sohn, der tote, der getötete Jesus. Es war für mich überwältigend, rührte mich so stark an, daß ich es kaum ohne eine Unterbrechung meines Betrachtens ertragen konnte.

Spinnweben vom Kopf der Maria zum Kopf von Jesus entdeckte ich.

Die Kirche ist ein Ganzes mit ihrer ländlich schönen, naturnahen Umgebung. Die blühenden Fliederbüsche an ihrer Seite, der kleine offene Vorraum, der auf gläubige Andacht vorbereitet, von der der ganze Bau durchdrungen ist. Sonne fällt in diesen Eingang durch die zwei romanischen offenen Fensterbögen, getönt vom Grün der Bäume und Büsche davor, und alles ist erfüllt vom Fliederduft.

„Hey man!"

„What? – Where do you want to go?"

„Yes, I want to feel the atmosphere in the church."

Sie glaubten mir nicht, das war deutlich zu spüren. Ein junger Pennäler aus Deutschland, der einen Teil seiner Sommerferien als paying guest bei englischen Gastgebern verbrachte, wollte Kirchenatmosphäre erleben. Blödsinn oder rubbish, wie ich es wohl damals genannt hätte.

Die kamen doch nur, um ihr Englisch zu verbessern, ihre Sprachkenntnisse zu erweitern, und manche sicherlich auch, um die Lebensweise der Inselbewohner und deren sprichwörtlichen britischen Humor zu erleben. Zumindest erklärten sie es so allen, die danach fragten. Zu Tausenden bevölkerten dann während der Sommermonate junge Studierende, Schüler und karrierebewusste junge Leute die Südküste Englands. Dennoch, ein wenigstens gleichstarkes Motiv für die meisten von ihnen war auch die Aussicht, mit Gleichgesinnten Kontakte zu knüpfen, woraus sich möglicherweise mehr als nur ein flüchtiges amouröses Abenteuer entwickeln könnte.

Offenbar war es nicht schwer, unter dem Vorwand der Einübung notwendiger Sprachfertigkeiten sein Gegenüber in ein Gespräch zu verwickeln, zumal die aktuell allen gemeinsamen Lebensumstände hinreichend Gesprächsstoff boten. Trefflich ließ sich so mit jungen Franzosen, das hieß, vor allem mit jungen Französinnen über vermeintliche Marotten unserer Gastgeber lästern, ganz unabhängig davon, ob wir daran glaubten oder nicht.

Ich hatte am Vortag vergeblich versucht, mit einer attraktiven sommersprossigen Schweizerin ins Gespräch zu kommen. Nach einem vielversprechenden Beginn musste ich auf ihr beharrliches, gleichwohl freundliches Nachfragen bekennen, dass ich weder aus begütertem Hause stammte noch mit außergewöhnlichen Talenten gesegnet war. Mit einem freundlichen „Grüezi, see you later" hatte diese so verheißungsvoll begonnene Annäherung ein promptes, ein vorhersehbares Ende gefunden. Bloßgestellt und ernüchtert besann ich mich wieder auf den eigentlichen Zweck meiner Englandreise und konnte mir nun vorstellen, dass ich inmitten einer Schar gotthuldigender Briten ganz unauffällig ihrer Sprache lauschen, ihre Frömmigkeit beobachten und mich selbst wieder ins Gleichgewicht bringen könne.

Und so bestätigte ich meinen Gastgebern die ihrer Meinung nach wohl ziemlich absurde Idee, einem Gottesdienst ihrer Landsleute beiwohnen zu wollen. Es dauerte länger als gedacht, bis ein in der Nähe gelegenes Gotteshaus ausfindig gemacht werden konnte. Welcher Glaubensrichtung die zugehörige Kirchengemeinde angehörte, wussten sie nicht und schienen diesem Umstand auch keine größere Bedeutung beizumessen. Da heute Sonntag war, mangelte es auch nicht an kirchlichen Veranstaltungen an diesem Tag.

Das Kirchengebäude war nicht sehr groß und als solches auch nicht so leicht zu erkennen; ich identifizierte es erst, als ich unmittelbar davor stand.

Zu meiner Überraschung waren hier deutlich mehr Männer vertreten, als ich erwartet hatte. Die in Unterzahl anwesende Menge der Frauen ließ sich oft an ihren auffällig zur Schau getragenen Hüten erkennen. Viele der Kirchenbesucher hatten einander noch die eine oder andere Meinung zu sagen, dieser zu widersprechen oder altem Geschehen eine korrigierte Deutung zu geben. Nach einer Woche ohne Kontakte hatte sich zwischenzeitlich ein gehöriger Redebedarf aufgebaut. Hier war ihr Ort, sich auszutauschen, es war ihre Kirche, sie gehörte ihnen.

Ich war erkennbar der mit Abstand jüngste Kirchenbesucher und gehörte allein deshalb schon nicht hierher. Und dieser Umstand schien diesem jungen Besucher durchaus bewusst. Und überhaupt, so wie der sich seiner Verlegenheit genierte und sich um Unsichtbarkeit bemühte, schien er wohl auch Unbotmäßiges im Schilde zu führen. In jedem Falle lohnte es sich, diese Person im Auge zu behalten. Und das taten sie auch – ziemlich schamlos, wie ich fand.

Ich stellte mich an das Ende einer Kirchenbank, so dass ich mich auch schnell und unauffällig wieder verdrücken könnte, wenn es denn einen Grund dafür geben sollte. Aber es war noch eine Weile bis zum Beginn und unablässig einströmende Besucher drängten in die Bankreihen, wobei die Wartenden geduldig zusammenrückten. Eine ältere Dame, der ich zu verstehen gab, sie möge sich an mir vorbei einen Platz suchen, schaute nur ein wenig irritiert, ließ aber keinen Zweifel daran, dass ich aufzurücken hätte. Diese Machtprobe war also sehr schnell und sehr grundsätzlich entschieden, und mit jeder weiteren hereindrängenden Person rückte auch ich ein Stück zur Seite und fand mich zu Beginn des Gottesdienstes ziemlich inmitten dieser Bankreihe wieder. Von einem unauffälligen Entfernen würde fortan nicht mehr die Rede sein können.

Ein dezenter Glockenschlag signalisierte den Beginn des offiziellen Teils dieses Gottesdienstes. Ein müde schreitender Geistlicher in schwarzer Amtskleidung mit einem breiten, bis zum Boden reichenden violettfarbenen Kragen betrat den Altarraum, gefolgt von einem noch älteren, etwas spöttisch dreinblickenden, livrierten Helfer. Der Reverend ließ sich nicht so ohne weiteres charakterisieren. Seine maskenhafte Erscheinung, die einstudiert wirkende, aufgesetzte Jovialität, seine Allerweltsstatur, das harmlose Gesicht verbargen womöglich ein Leben unerfüllter Träume, uneingestandener Sehnsüchte und irgendwann musste er einsehen, dass es für ein radikales Bekenntnis zu spät war, dieses nur noch geschadet und niemandem genutzt hätte, und so ließ er es bleiben und übte sich fortan nur noch in der Rolle eines seelsorgenden, die Belange seines Arbeitgebers ohne Engagement wahrnehmenden Kirchendieners.

Wesentlich einfacher ließ sich sein blasiert auftretender Assistent deuten. Sein asketisches Äußere ließ auf eine in Permanenz geschulte Rückweisung verführender Genüsse, auf eine selbstquälerische Genügsamkeit, eben auf ein Leben ohne Freude schließen. Der knochig auftretende Schädel erinnerte an das Gesicht eines Toten. Er lebte ein stolzes, ein karges Leben ohne Wenn und Aber, überzeugt von der Überlegenheit seiner Askese und seiner Gedanken.

Ich mimte einen in sich gekehrten, gottesfürchtigen Gläubigen und hoffte auf baldige Nichtbeachtung von Seiten der Kirchenbesucher und so ganz allmählich schienen sie ihr Interesse an meiner Person auch zu verlieren. Wenn auch hin und wieder ein neugieriger Blick zu mir herüberflog, so widmeten sie sich doch mit großem Ernst und erkennbarer Inbrunst einem Dialog mit ihrem Gott. Insbesondere ein streng dreinschauendes Gesicht rundete Lippen und Backen in einer Weise, dass ich mich nicht gewundert hätte, wenn Trompetenstöße zu hören gewesen wären.

Mit der Zeit vernahm und verstand ich jetzt auch die Worte des Priesters und versuchte das Gehörte in Beziehung zu der Religion zu setzen, die uns die Schule beigebracht hatte – nicht einfach!

Zu Peter und Paul fielen mir zwar die Apostel Petrus und Paulus ein, aber es blieben Zweifel. Englisch ausgesprochen hörte es sich so an, als seien Jungen aus der Nachbarschaft gemeint.

Wer waren James, John oder Tom? Als mir hierbei ganz spontan die Helden meiner Jugend James Dean und John Wayne vor

Augen traten, erschrak ich wohl ein bisschen, rief mich schnell zur Ordnung und hoffte, dass mir diese gottlose Entgleisung nur als lässliche Sünde dereinst zur Last gelegt werde.

Aber etwas Gutes bewirkte meine geistige Verirrung denn doch; meine Befangenheit löste sich zusehends, ich bekam mich besser unter Kontrolle und überlegte nun, wer denn mit the Lord gemeint sein könne, von dem dieser Priester zuweilen berichtete. Da ich annahm, dass es wenigstens the King heißen müsse, wenn von Gott die Rede sei, dann könne mit the Lord nur sein Sohn Jesus gemeint sein – zwar immer noch ein wenig despektierlich, aber so lasse sich die Beziehung dieser Göttervielfalt am ehesten beschreiben.

Als der Reverend eine Pause andeutete, ergriff sein Assistent einen kleinen rundgeflochtenen Korb und übergab ihn dem ersten Besucher in der ersten Reihe. Offensichtlich war eine Kollekte beabsichtigt. Der Korb wanderte von einem Besucher zum nächsten und am Ende der Bankreihe zur nächstfolgenden. Soweit ich das beobachten konnte, leistete ein jeder – ohne Ausnahme – seinen Obolus. Entweder zeichnete sich die Schar der Anwesenden durch eine bemerkenswerte Strenggläubigkeit aus, verbunden mit einer ebenso großen Opferbereitschaft, oder es wurde für die Teilnahme am Gottesdienst eine Art Gebühr erhoben, über deren Höhe der Geber nach eigenem Gutdünken entscheiden konnte.

Ich werde auch etwas spenden, überlegte ich - weniger, um dieser Kirchengemeinde Gutes zu tun, als vielmehr, um nicht aufzufallen, um nicht ohne Not Aufmerksamkeit zu erregen. Mit drei Schillingen, also knapp zwei DM, würde ich auch mein Gewissen befrieden, welches mich bei einer nur angedeuteten Opferungsgestik wohl doch für eine Weile geplagt hätte.

Nur, ich fand mein Portemonnai nicht. In beiden Taschen meiner Jacke nichts, in meinen Hosentaschen schon mal gar nichts. Nicht ein einziger Penny. Mann, das durfte doch nicht wahr sein!

Mittlerweile schwante mir auch, wie es dazu hatte kommen können: Mit dem Entschluss eines Kirchenbesuchs erinnerte ich mich ganz unbewusst der Worte meiner Mutter, die für einen Kirchenbesuch immer ordentliche Kleidung gefordert hatte. Ich wechselte also meine bequeme Windjacke gegen ein ordentliches Sakko und vergaß hierbei, die Inhalte mitzutauschen.

Nun, als so empörend wird meine vermeintliche Hartherzigkeit wohl nicht empfunden werden, beruhigte ich mich. Schlimmstenfalls ein vorwurfsvoller Blick meiner Nachbarin, wenn ich den Korb ohne ein weiteres Geldstück stumm weiter reichte. Und so geschah es auch. Ohne erkennbares Missfallen akzeptierte sie den Korb, bediente ihn mit einem Schein statt einer Münze und schob ihn der ihr nächst Sitzenden zu. Gott sei Dank. Dieser Korb war sozusagen an mir vorübergegangen.

Wieder tönte der Reverend von Peter, von Paul, James und John. Es waren Namen, wie ich sie in Romanen gelesen, in Filmen gehört und dort als Helden, Schurken, Verbrechensbekämpfer und Versager erlebt hatte. Charaktere also, die so gar nicht mit den Aposteln aus der Bibel, dem heiligen Buch der Christen, übereinstimmen wollten.

Ich hatte Mühe, meine irdischen Phantasien im Zaum zu halten. Die Heiligen meines Glaubens blieben dagegen blass, vage, irgendwie nicht existent. Wie meine Schulfreunde wohl reagieren würden, wenn ich ihnen von den Predigten des Reverends berichten würde. Ein flüchtiges Grinsen ließ sich nicht ganz vermeiden.

Plötzlich stand der Asket an meiner Bankreihe, wies mit einer Hand in meine Richtung und reichte mit der anderen den Korb der dort sitzenden Besucherin, die erstaunt schaute und den Korb rasch weiterschob.

Zweifellos war ich das Ziel seiner Attacke. Dieser Fanatiker verfolgte die Opferbereitschaft seiner Kirchenbesucher mit Argusaugen und war sich nicht zu schade, ein zweites Mal die Herausgabe eines Almosens zu verlangen, wenn sein Opfer sich das erste Mal verweigerte.

War ich wirklich der einzige unter all den Gläubigen, der sich dieser Mildtätigkeit verweigerte? Konnte ich mir eigentlich nicht vorstellen.

Was mich allen sichtbar von ihnen unterschied, war zweifellos mein Alter. Ein Umstand, der einigen zur Provokation geriet. Ein so junger Bursche inmitten einer mit Andacht und Ehrfurcht um Gottes Gnade barmenden Schar Tiefgläubiger hatte hier nichts zu suchen, war wohl aus Versehen hier gelandet oder – schlimmer noch – suchte das lästerliche Vergnügen eines Voyeurs. Mit einer zweifelsfrei zu deutenden Aufforderung „zahle!" würde der sich hier nie wieder blicken lassen, mochte sich der Fanatiker gedacht haben.

Ein Gefühl machte sich breit, wie ich es von der Schule kannte, wenn wir vom Klassenlehrer gestellt worden waren, weil wir die Schulmesse geschwänzt hatten und keinerlei Argument zur Verfügung stand, welches unser Vergehen auch nur im Ansatz erklären könnte. Was war zu tun? Ich hatte kein Geld dabei, weder englisches noch deutsches, das stand nun mal fest.

Ich versuchte es mit einer halbherzigen Entschlossenheit, schob den Korb demonstrativ von mir weg, hin zu meiner Nachbarin, barg den Kopf in beide Hände und simulierte den tiefgläubigen, in sich gekehrten Beter, der sich in seiner Andacht doch bitte nicht gestört fühlen möchte.

Aber ich hatte diese Rechnung ohne meine Nachbarin gemacht. Die hatte wohl nicht vergessen, wie ich ihr den Korb zuvor in abweisender Manier zugeschoben und zu verstehen gegeben hatte „ich gebe nichts!". Das würde ihr nicht noch einmal passieren. Mit viel zu lauter Stimme erklärte sie, was ich zu tun hätte: „Hey you young man, it's a good tradition in this community to support its social service." Ich spürte, wie mir augenblicklich tiefe Scham eine höchst verräterische Röte ins Gesicht trieb und hoffte sehr, dass das Kirchendunkel den Grad meiner Verlegenheit ein wenig verbarg.

Aus den Reihen der vor mir Sitzenden drehten sich mehrere Köpfe, eher neugierig als verärgert, gespannt darauf, wie es weitergehen werde.

„Yes, nein, yes I have i have no money, I ...". Ich haspelte mir einiges zusammen, geriet mächtig ins Straucheln, wusste absolut nicht, was ich zuerst vorbringen sollte.

„No money", echote es höhnisch von schräg hinten.

„He is German!" behauptete jemand unmittelbar hinter mir.

Jetzt kam doch so etwas wie Panik auf. Der Krieg war noch nicht so lange vorbei und alle, die hier saßen, waren auch Augenzeugen gewesen, hatten zum Teil auch an der Front gestanden, Kameraden fallen sehen und auch selbst getötet. Rache- oder gar Hassgefühle würden nicht wirklich überraschen.

Sicherlich hätte ich nicht um Leib und Leben zu fürchten, aber ob dies schlimmer sein werde als aggressiver Polemik und hasserfüllten Blicken ausgesetzt zu sein, dessen war ich mir nicht so sicher. Andererseits befanden wir uns doch in einem Gotteshaus. Hierhin kamen die Gläubigen, um zu büßen und zu beten, zu erkennen und zu verzeihen. Also meinen Kopf würde es nicht kosten, glaubte ich zu wissen.

Es entstand plötzlich ein reges Hin und Her, von Rede und Gegenrede, zunehmend hitziger, den geweihten Ort dieser Auseinandersetzung mehr und mehr ignorierend. Von all der streitig wirkenden Auseinandersetzung verstand ich nur sehr wenig, wohl auch deshalb, weil hier ein Dialekt gesprochen wurde, der mir völlig unbekannt war. Die wenigen Wortfetzen und Begriffe, die ich deuten konnte, vermittelten mir allerdings durchaus eine Vorstellung, worüber sich die Beteiligten so leidenschaftlich erregten.

Viele von ihnen waren an der hochriskanten und verlustreichen Landung alliierter Truppen in der Normandie während des Zweiten Weltkrieges beteiligt gewesen. Eine Art Selbstmordkommando, welches viele der Teilnehmer mit ihrem Leben bezahlten. Die grauenvollen Ereignisse waren ihnen immer präsent gewesen und die Anwesenheit eines Deutschen, obwohl in einem Alter, das ihn von jeder Schuld freisprach, war Anlass genug, an das damalige Geschehen erneut zu erinnern, es mit Leidenschaft zu erörtern, sie zu allem Risiko bereite, das Vaterland verteidigende Heroen zu verklären.

Da dieses Heldentum aber nur dann eines sein konnte, wenn der Feind sie auch zu entsprechenden Taten nötigte, ihnen quasi Übermenschliches abverlangte, musste dem Gegner, der ja bekanntlich in Unterzahl kämpfte, eben auch eine fanatische, eine todesverachtende Haltung, also eben auch eine spezifische Art von „Größe" zuerkannt werden. Und daran ließen sie auch keinen Zweifel.

Mittlerweile war um mich herum, vor allem in meinem Rücken ein hör- und sichtbarer Tumult entstanden, den auch der Geistliche nicht mehr ignorieren konnte. Obwohl er nicht wissen konnte, worum es sich bei diesem Aufruhr handelte, hatte er mich unschwer als Urheber dieser Störung ausmachen können. Mit einem deutlich vernehmbaren „Hey man" sollte ich wohl zur Ordnung gerufen werden. Dabei schaute er weder traurig noch zornig, es klang kühl, sachlich. Als wäre nichts Außergewöhnliches an der Tatsache, dass mitten im Gottesdienst eine Gruppe von Besuchern sich lauthals mit einer Thematik beschäftigte, in der ihrer aller Herrgott offensichtlich keine Rolle spielte.

Mit gesenktem Blick und noch größerer Scham überlegte ich nun eine Antwort – mir fiel partout nichts ein. Mit einer differenzierten Argumentation, wie mein Verhalten in Wahrheit zu erklären sei, war dieser Situation jedenfalls nicht mehr beizukommen. Es brauchte jetzt eine einfache, eine feststellende, eine endgültige Antwort. „I lost all my money!", wagte ich jetzt einen neuen Anlauf, halb trotzig, halb beleidigt.

„You lost all the war!", schallte es wieder von hinten.

„Totally lost!", ergänzten andere.

Was dann noch zu hören war, konnte ich nicht mehr deuten, hatte aber das Gefühl, es würde nicht mehr mir gelten. Ich sagte nichts mehr; was ging mich dieser Krieg an? Ich wollte doch eigentlich nur erklären, warum ich nicht spenden konnte, obwohl ich es wollte. Aber eine solche Erklärung wollte hier niemand mehr hören. Im Gegenteil, ich verstand oder besser interpretierte immer klarer eine kolportierte blinde Zerstörungswut, eine Alles-oder-Nichts-Haltung der deutschen Wehrmacht, die aber der unvergleichlich höheren Kampfmoral und der weitaus geschickteren Kriegsführung der Alliierten, insbesondere ihres britischen Teils, in keiner Weise Stand hielt.

Plötzlich war auch der Mann in Livree nicht mehr zu sehen. Das kirchenferne Gebaren seiner Besucher, die völlige Ignorierung seines Auftretens hatten ihn nachhaltig aus dem Konzept gebracht. Er würde die Aufmerksamkeit dieser Barbaren wohl nicht mehr auf diesen flegelhaften Störenfried, dem das ganze Tohuwabohu doch schließlich zu verdanken sei, lenken können, und bevor die Erfolglosigkeit derartiger Versuche seinem Renommee schade, ließ er sie lieber bleiben und tat so, als sei da nichts gewesen, er nie in Erscheinung getreten.

Die Aufregung schien sich zu legen. Aber dann, inmitten dieser Phase der Aussöhnung, vernahm ich erneut ein tadelndes uninspiriert klingendes „Hey man!" Ja, warum das denn? Ich war bestürzt und jetzt auch ein wenig verzweifelt. Aber dann, zu meiner größten Verblüffung der vielstimmig wiederholte Tadel von fast allen Kirchenbesuchern: „Hey man!". Doch niemand sah mich an, es klang jetzt mehr wie ein mutmachender Beschwörungsdialog zwischen Reverend und Besuchern.

Und ganz plötzlich wusste ich, was es mit dieser Formulierung auf sich hatte. „Hey man" war keine rüde Zurechtweisung, sondern die zum Ritual dieses Gottesdienstes gehörende Akklamationsformel „Amen". Dieses Wort in englischer Aussprache [ˈɑˈmen] hatte ich gründlich missverstanden und fatalerweise als eine Art Zurechtweisung im Sinne von „Hey man" gehalten.

Ich erwachte aus einem Albtraum, fand schnell zurück ins Hier und Jetzt, war umgeben von Freunden, spürte ihren Versöhnungswillen und interpretierte das „Amen" mit ihrem Willen, Frieden zu schließen, mit jedermann, also auch mit mir.

Ich fühlte mich geborgen und aufgenommen. So soll es sein – Amen.

Gewitter

Die grellen Blitze sind vergessen
der laute Donner ist verhallt
am Horizont noch zu erkennen
zieht ab die schwarze Wolkenwand

In tiefem Schweigen ganz versunken
schau ich den Wolken hinterher
das Dunkle Kalte ist verschwunden
die Sonne bricht durchs Wolkenmeer

Sie wärmt die Erde – malt die Schatten
die langsam ziehen ihre Bahn
und wenn es Nacht wird zieht die Sonne
ihr rotes Kleid für morgen an.

Errichtet – bewundert – vernichtet

Ziellos fahren wir herum im Alten Land irgendwo zwischen Elbe und Buxtehude. Zum Spazierengehen ist es zu windig, und es nässt von allen Seiten. Herbert, mein Mann, meint, dass wir mal wieder nicht die passenden Klamotten dabei hätten für so einen ungemütlichen, regnerischen Nachmittag zu Sommers Ende. Im Radio dudelt die ganze Zeit leise Musik, die wir kaum wahrnehmen. Daher fällt uns erst gar nicht auf, als diese unterbrochen und nun geredet wird, aber irgendwie anders als sonst. Zuerst denke ich an eine heftige Diskussion in einer Livesendung. Die Stimmen emotional, ja schrill. Senden sie etwa ein Hörspiel um diese Zeit? Eine Kriminalgeschichte? Die Beschreibung einer Katastrophe? Ich stelle das Gerät lauter, und nach wenigen Sekunden ist mir klar – das, was wir hören, geschieht im Hier und Jetzt! Von wo und von was auch immer erregt berichtet wird, es klingt alarmierend, denn es ereignen sich furchtbare Dinge, die von bestürzten Stimmen in englischer Sprache, gleichzeitig von nicht weniger betroffenen ins Deutsche übersetzt, herausgeplärrt werden. Die Berichterstatter geraten außer Kontrolle. Sie schreien, ja kreischen und immer wieder hören wir: „Oh, mein Gott...!"

Ich will meine Ohren verschließen, möchte nicht wahrhaben, was ich höre, würde lieber glauben, es handele sich um eine unseriöse Sendung oder gar einen geschmacklosen Scherz. Als die Meldungen von Flugzeugabstürzen auf das Pentagon in Washington, auf ein Gelände in Pennsylvania und auf das World Trade Center in New York kein Ende nehmen, begreifen wir letztendlich, was gerade geschieht – geschieht in unserem New York! Wir müssen so schnell wie möglich zu unserer Ferienwoh-

nung in Grünendeich an der Elbe, den Fernseher einschalten, um Genaueres zu erfahren! Diese kurze Autofahrt kommt mir wie eine Ewigkeit vor, während meine Sinne einerseits die am laufenden Band gemeldeten Geschehnisse wahrnehmen, andererseits aber ganz woanders herumschweifen.

Die drei kleinen, schlichten Fotos fallen mir ein, die ich erst kürzlich in Händen hielt, weil sie sich aus dem alten Album gelöst hatten. Darauf zu sehen sind zwei schon ziemlich hohe, teilweise fast fertige Türme im Rohbau, auf der Rückseite steht „1971". Herbert nahm damals diese Bilder auf, wahrscheinlich aus Nostalgie, weil er selbst gerne auf dieser einzigartigen Baustelle gearbeitet hätte.

Schon Jahre zuvor konnte man über das geplante Projekt dies oder das in der Zeitung lesen und die großen Baufirmen von New York spekulierten, wer von ihnen wohl Aufträge für dieses Mammut-Unternehmen bekommen würde, wobei die Gewerkschaften keine geringe Rolle spielten. Auch „Lasala", die Hochbau-Firma, bei der mein Mann seit einiger Zeit beschäftigt war, hoffte darauf, denn für die Bricklayer hieß das Arbeit für mehrere Jahre, aber nicht nur das, schließlich handelte es sich doch um ein bis dahin einzigartiges Bauwerk, nämlich die höchsten Türme der Welt. „Lasala" hatte Pech, erhielt aber fast zeitgleich den lukrativen Auftrag, das neue Police Headquarter in unmittelbarer Nähe von Rathaus und Gericht an der Südspitze Manhattans zu bauen.

Das 1973 fertiggestellte World Trade Center, das neue Wahrzeichen von New York, bewundert und geschätzt, so einmalig in seiner Höhe, als strebe es dem Himmel entgegen, wurde zu einem Besucher-Magnet. Mein Favorit unter den Wolkenkratzern blieb allerdings das architektonisch so viel grazilere Empire State Building an der Fifth Avenue und der 34. Straße. Aber nun hatte das World Trade Center ihm den Rang abgelaufen, weil es fünf Stockwerke mehr aufbrachte und gleich im Doppel punktete.

Deshalb mussten wir wenigstens einmal oben gewesen sein. Wir fuhren mit unserem damals achtjährigen Sohn von Queens, wo wir wohnten, über die Queensboro Brücke nach Manhattan, was an Sonntagen ein wahres Vergnügen bereitete. Fast menschenleer lag die Wallstreet und das gesamte Finanzviertel im Tiefschlaf, sogar einen Parkplatz fanden wir in der Nähe. Dann standen wir vor den gigantischen Zwillingstürmen nahe am Hudson River. Nur einer war für das Publikum zugänglich. Wir fuhren bei zweimaligem Umsteigen in einer Höllengeschwindigkeit hinauf, standen dann auf dem höchsten Punkt von ganz New York City, irgendwie zwischen Himmel und Erde. Die typischen Gerüche, der Lärm, ja nicht einmal das Heulen der sich ständig im Einsatz befindlichen Polizei-, Ambulanz- oder Feuerwehrautos der Metropole drangen nach hier oben durch. Oder nahm ich sie nur nicht wahr, weil ich mich – umweht von dieser so frischen Luft – so weit weg von allem Irdischen fühlte? Der Blick über den Rand des Geländers führte uns in das Wirrwarr der Südspitze von Manhattan, die kleine Insel mit der Freiheitsstatue zum Greifen nah, die Träneninsel, Ellis Island, in der Ferne die Verrazano-Brücke, die Brooklyn mit Staten Island und drei Brücken über den East River – die wohl bekannteste die Brooklyn-Brücke – die Manhattan mit Brooklyn verbinden. In den Häuserschluchten tief unten bewegten sich die Autos wie winzige Spielzeuge und die Menschen krabbelten wie Ameisen. In nördlicher Richtung breitete sich das hier straßenmäßig in Avenues und Streets geordnete Manhattan in seiner ganzen Länge aus, mittendrin die grüne Lunge der Metropole, der Central Park, dahinter beginnt bald Harlem und Spanisch Harlem. In weiter Ferne erkannten wir noch die Umrisse der gewaltigen George-Washington-Brücke, die über den Hudson River nach New Jersey und den Staat New York führt. Den kleinen Harlem River, der mit dem Hudson und dem East River Manhattan zur Insel macht, konnten wir von hier aus nur erahnen. Alle fünf Stadtteile und ein Teil von New Jersey lagen uns zu Füßen. Momente für die Ewigkeit – einmalig und unvergessen!

Als wir auf den Parkplatz zurollen, kommt unsere Wirtin ganz aufgelöst aus dem Haus gerannt mit der Aufforderung: „Sie müssen sofort den Fernseher einschalten, es ist etwas Furchtbares passiert!" Dann sehen wir diese schrecklichen Bilder, wieder und wieder gezeigt, kommentiert, diskutiert! Ich stelle mir die Passagiere in den vier Flugzeugen vor, ich bin regelrecht bei ihnen. Sie sehen doch alles kommen! Die Kinder, die Frauen und Männer! Kein Entkommen, keine Rettung! Ich kann nicht mehr, heule laut los, auch Herbert kämpft mit den Tränen, denn so etwas Schlimmes haben wir noch nie gesehen, aber das Fernsehen lässt uns an dieser furchtbaren Katastrophe teilnehmen, zusehen, wie Menschen in ihr Verderben fliegen, ohne auch nur die geringste Chance auf ein Davonkommen, während wir, ohne uns vor irgendetwas fürchten zu müssen, an einem sicheren Urlaubsort in einem gemütlichen Sessel im warmen Zimmer sitzen.

Und dann stürzen sie ein, die Türme! Erst der Südturm, kurz darauf der Nordturm. Tausendfacher Tod, den wir hilflos miterleben. Wir sind so rat- und sprachlos, spüren eine totale Ohnmacht. Was kann ich tun, damit es nicht so schmerzt? In eine Kirche gehen? Dort würde ein Priester sagen: „Lasset uns beten!" Beten? Daran denke ich natürlich, aber zu wem, für wen? Ich kann nicht beten, denn es gibt keine Überlebenden, weder in den Flugzeugen, noch in den Türmen, als diese einstürzen. Die Ironie ist, dass ich nicht einmal darum bitten kann, die Täter zu bestrafen, denn sie, die glaubten im Namen Gottes gehandelt zu haben, sind in ihrer religiösen Verzückung mit untergegangen. Wo ist Gott an diesem unglückseligen Tag?

Hellwach verfolgen wir Stunde um Stunde die tragischen, uns immer wieder vor Augen geführten Ereignisse, sehen zig Mal diese Bilder des Grauens und eine endlose Traurigkeit nimmt uns gefangen. Gegen drei Uhr schalten wir den Fernseher ab, um unsere aufgewühlten Seelen zur Ruhe kommen zu lassen, was uns in dieser Nacht und noch lange Zeit danach nicht gelingt.

Einmal Himmel und zurück

Nun ist es wohl schon bald zwanzig Jahre her, dass meine Freundin Jutta an Darmkrebs mit Lebermetastasen erkrankte. Sie unternahm alles, was schulmedizinisch vorgesehen war und versuchte auch allerlei an alternativen Heilverfahren. Sogar die Nonnen in einem italienischen Kloster beteten für sie.

Sie wünschte sich schließlich auch, an einem „Visualisierungswochenende nach Simonton" teilzunehmen. Am liebsten mit ihrem Ehemann, der aber als eingefleischter Schulmediziner sich dazu nicht überreden ließ. Als wir darüber sprachen, wurde ich neugierig und bot kurzentschlossen an, sie zu begleiten.

Das Seminar fand in dem Saal mit ein paar hundert Menschen statt, Krebserkrankte oder Angehörige. Der amerikanische Arzt Simonton sprach auf Englisch und Abschnitt für Abschnitt wurde auf Deutsch übersetzt, so dass ich alles zweimal hörte und auch teilweise Ungenauigkeiten bei der Übersetzung wahrnahm. Im Saal verteilt war eine Reihe von Helfern, die die Zuhörer aufmerksam im Blick hatten, und wenn immer jemand anfing zu weinen oder sonst wie auffiel, hinzukamen und Trost und Hilfe anboten.

Was ich noch lebhaft in Erinnerung habe von diesem Wochenende, war die „Sterbemeditation".

Man stellte sich vor, man würde in dreißig Jahren sterben, und überlegte, was einem bis dahin noch wichtig war. Dann rückte das Todesdatum näher, in zehn Jahren, und näher in einem Jahr, in einem Monat , in einer Woche und schließlich heute.

Was fühlt man, was tut man, wer war da….?

Mein Sterbetag war ein schöner Spätsommertag. Ich kochte Erdbeermarmelade für die ganze Familie zur Erinnerung ein und zum Abschied kamen zwei Elternpaare mit zusammen fünf Kindern, aufgereiht wie die Orgelpfeifen, das Jüngste vielleicht etwas über zehn Jahre alt.

Und dann verließ die Seele von den Füßen zum Kopf hinaus den Körper und flog hinauf auf Wolke sieben. Von dort oben schaute ich zufrieden auf mein vergangenes Leben und fühlte mich hier eigentlich ganz wohl, bis es hieß, wieder zurück nach unten zu kommen.

Ich war so gerührt von dem, was ich gesehen hatte, dass mir die Tränen kamen und ein Helfer nun auch zu mir kam.

Jutta verweigerte sich dieser Meditation. Sie wollte so nicht sterben und auch keinen Gedanken in diese für sie falsche Richtung investieren.

Mir kommt diese Erfahrung immer mal wieder in den Sinn. Wenn es beim Autofahren eng wird oder auch so, wenn ich mich fürchte, dann denke ich: „Kann ja nichts passieren, bin ja noch nicht dran. Hab ja erst vier Enkelsöhne, also muss noch eins dazu kommen und dann dauert es noch gut zehn Jahre, weil das jüngste Kind gut 10 Jahre alt zu sein schien."

Ja, wenn das alles so stimmt! Ob ich wirklich da außer Raum und Zeit gewesen bin?

Zwischendurch bedaure ich auch, dass ich nicht besser hingeschaut habe, um mehr Details zu sehen. Waren das alles Jungs und die beiden Partner meiner Kinder, sind das die, die ich schon kenne?

Gleichzeitig war ich auch etwas traurig, als mein erstes Enkelkind geboren wurde, denn ab jetzt zählte die Zeit rückwärts. Mit Glück werde ich noch sein Abitur erleben.

Von anderen Großmüttern habe ich solche Gedanken noch nicht gehört.

Jutta hat diese und noch einige andere Erkrankungen gut hinter sich gebracht und erwartet in diesem Sommer ihr fünftes Enkelkind. Wenn wir uns treffen, tauschen wir in alter Vertrautheit die Erfahrungen mit unseren Enkelkindern aus, so wie wir früher unsere kleinen und großen Sorgen mit Kindern, Ehemännern und Hunden geteilt haben.

Bormann *Gisela*

„Kannst Du schwimmen?"

Monique kam aus Paris in unser kleines Dorf, und für eine kurze Zeit verband uns eine wunderbare Freundschaft. Wir gingen gemeinsam in eine Klasse der evangelischen Schule. Da wir fast täglich danach zusammen unsere Zeit verbrachten, gehörte ich recht bald wie eine Tochter zur Familie, so dass ich an vielen ihrer Unternehmungen teilnahm.

Bei einem Sonntagsausflug ans Meer fragte meine Freundin mich: „Kannst du schwimmen?" „Nein", war meine Antwort, obwohl ich an der Ostsee in der ehemaligen DDR meine Kindheit bis zum dreizehnten Lebensjahr verbrachte. Dort gehörte Schwimmen leider nicht zum Schulunterricht.

Monique und ihre beiden jüngeren Brüder waren dagegen regelrechte Meisterschwimmer. Nun kam bei mir zuerst Neid, dann jedoch Scham auf. Würden sie mich vielleicht auslachen? Das dürfte auf keinen Fall passieren! Auf ein Mal kamen mir Zweifel, ob ich überhaupt noch ins Wasser mochte.

Am Strand angekommen, stürzten sich alle in die Fluten und tobten ausgelassen miteinander. Mich hielt noch Unsicherheit am Ufer zurück. Aber nur für einen kurzen Moment, dann warf ich meine Bedenken ins Wasser und mich gleich hinterher.

Jeder bemühte sich, mir ein paar Schwimmübungen zu zeigen, bis ich selber mein Glück versuchte: Tief Luft holen, Arme nach vorne strecken, mit den Füßen vom Boden abstoßen, Arme sowie Beine im Wechsel anziehen und ausstrecken. Wie eine Gebetsformel murmelte ich leise die Reihenfolge und versuchte diese gleichzeitig umzusetzen. Anfangs noch zögerlich, dann immer mutiger.

Unglaublich! Ohne Hilfe entferne ich mich tatsächlich mit einigen Schwimmzügen von den anderen. Oh je, vergesse auf einmal meine Gebetsformel, höre auf, Arme sowie Beine zu bewegen und lande auf dem Meeresboden. Sofort zappele ich prustend aus dem Wasser empor und ringe nach Luft. Hurra! Hurra! Ohne Hilfe, tatsächlich bin ich ein paar Meter geschwommen!

Unfassbar, vor Freude klatschten meine beiden Hände so oft auf das Wasser, dass sie ordentlich schmerzten. Dann setzte mein Ehrgeiz ein. Um den Zufall auszuschalten, probierte ich die Schwimmübungen immer und immer wieder, mochte es kaum fassen, denn nach anfänglichen kurzen Zügen wurde die Schwimmstrecke länger und länger. Die Gebetsformel kam weiterhin über meine Lippen, so dass sie schließlich dazu beitrug, dass ich nicht mehr unter Wasser abtauchte und tatsächlich schwimmen konnte.

Familie Zerath aber wollte nicht so recht glauben, dass dies vorher noch nicht der Fall gewesen war. Mit viel Mühe versuchte ich sie von der Wahrheit zu überzeugen, ob es aber wirklich gelang, blieb ein Rätsel.

Monique ging schon recht bald zurück nach Paris, aber bis dahin nutzten wir beide jede Gelegenheit gemeinsam schwimmen zu gehen.

Überschwemmung

So langsam tat der Rücken weh, und wir waren nass bis auf die Haut. Wir, die Angestellten des „ Hotel-Cafe-Eilers", schaufelten schon seit Stunden Sand in Säcke, um einen Schutzwall zu bauen.

Ein Dauerregen von vierunddreißig Stunden löste in der Bocholter Innenstadt im Dezember 1960 eine folgenschwere Überschwemmung aus. Der Standort meines Lehrbetriebes, wo ich „Hotel- und Gaststättengehilfin" lernte, befand sich nur wenige Meter von dem Fluss Aa entfernt.

Mein Aufgabengebiet während dieser Zeit waren alle anfallenden Arbeiten vom Keller bis unters Dach. Dass zu allen meinen Tätigkeiten auch „Retterin bei Hotel unter" hinzukam, stand nicht im Lehrvertrag.

Zwei Tage vor Nikolaus trat am Abend gegen zweiundzwanzig Uhr das Wasser des Flusses über die Ufer.

Kurz danach, ich schlief schon, klopfte eine Kollegin an meine Zimmertür und rief aufgeregt: „Komm, beeil dich, Du musst uns helfen!" Noch ziemlich benommen zog ich schnell ein paar Kleidungsstücke über mein Nachtzeug und rannte nach unten in den Restaurationsbereich. Dort waren sämtliche Angestellte versammelt, und der Juniorchef gab Anweisungen, was jeder Einzelne jetzt machen sollte. Trotz unseres errichteten Schutzwalls strömte das Wasser nun in das Hotelgelände. Wir mussten schnell aktiv werden, denn im Keller befanden sich Küche, Backstube, Vorratsräume, Heizung und Gästetoiletten.

Der Chef und ich kümmerten uns um vier Schweine, die wir das Jahr über für eine Hausschlachtung zum Eigenbedarf unterhielten. Wir mussten sie aus dem äußeren tiefer gelegenen Stall in die Heizungsräume befördern. Bis sie dort in Sicherheit waren, gestaltete sich die Aktion recht schwierig, da die Tiere sehr aufgeregt immer in Richtung des Flusses liefen, wo sie nicht hinsollten. Dabei bewiesen sie eine rasante Schnelligkeit, so dass wir Mühe hatten, ihnen zu folgen. Ausgerüstet mit einem Stock hielt ich sie in Schach und kam mir wie eine Schweinehirtin vor.

Derweil schleppten zwei starke Kollegen elektrische Maschinen in den Flur des ersten Stockwerkes. Im Nu betrug der Wasserstand schon zwanzig Zentimeter in den unteren Räumen.

Eine Vielzahl von Schokoladenkreationen lagerte im Kühlraum. Mit einer „Leidensgenossin" watete ich fast zwei Stunden durch kaltes Wasser, um die Köstlichkeiten für die nahe Weihnachts-Ausstellung ebenfalls in den oberen Stock zu transportieren.

Das steigende Wasser kannte keine Grenzen, so dass die Schweine in den Heizungsräumen auch nicht mehr in Sicherheit waren. Also mussten wir sie über eine zwölfstufige Treppe auf einen höher gelegenen Platz bringen. Der Chef versuchte es am Kopf und ich am Ende des Rückens, aber so klappte es nicht. Meine Hände rutschen vom schleimigen Hinterteil. Unsere Bemühungen bewirkten abwechselnd ein Grunzen und Quieken der völlig verängstigten Tiere.

Da sie schon ordentlich Gewicht hatten, konnten wir zwei sie nicht alleine hochtragen. Eine Serviererin kam uns zur Hilfe, packte an der gleichen Stelle wie ich zu, und mit einem Ruck landete der nasse glitschige Hintern des Schweines in meinem Gesicht und bedeckte es mit einer klebrigen Schicht. Weder Schock noch Ärger konnte ich mir jetzt leisten, ich schüttelte mich mehr innerlich als äußerlich und dann ging es weiter.

Alle Schweine überstanden unversehrt die Wasserkatastrophe, allerdings entkamen sie nicht der folgenden Schlachtung.

Gewitter in Preia

Das Wetter ist, wie so oft, das übliche Preiawetter. Ein blitzblauer Himmel am Morgen. Ah, dieser Tag wird auch wunderbar. Weit gefehlt. Erst schwimmen nette weiße Wolkenbällchen am Himmel, dann werden sie dicker und dunkler. Die Bergwand gegenüber unserem Ferienhäuschen ist plötzlich nicht mehr zu sehen. Tiefgraue Wolken wabern hin und her und es beginnt zu nieseln, ganz sachte erst, dann tröpfelt es zaghaft und dann ist er plötzlich da. Ein rauschender Regen stürzt herab und überschüttet alles. Es gießt, es prasselt und trommelt auf den Steindächern wie ein höllisches Konzert. Ein paar Blitze zucken hin und her, der Donner grollt. Das alles, wenn man Glück hat, ist bald überstanden. Übel aber wird es, wenn sich, wie heute auch, zu dem Wassergetöse ein ordentliches Gewitter zusammenballt. Dann kann ich nur hoffen, dass mir die Ohren nicht wegfliegen, dass ich bei einem fürchterlichen Donnerschlag nicht den Verstand verliere. Selbst Hunde und Katzen sind nicht mehr auffindbar.

Die Dorfgassen verwandeln sich plötzlich in Sturzbäche, Heu, Gras und Zweige segeln abwärts. Der Fluss Strona beginnt unheilvoll zu grollen, sein wildes Wasser steigt schnell und donnert weißschäumend zwischen den riesigen Felsblöcken zu Tal. Zu diesem Wassergetöse gesellt sich dann ein furchterregendes Gewitter.

Da hoffe ich, nicht bei einem fürchterlichen Donnerschlag vor Angst den Verstand zu verlieren. Solch ein Gewitter zwischen den engen Bergen lässt selbst einen ungläubigen Menschen ganz rasch an eine göttliche Instanz glauben. Ich werde immer kleiner und kleiner, mein ganzes Inneres ballt sich zu einem einzigen schmerzenden Angstknoten zusammen. Den Geistern verspreche ich alles, wenn dieses schreckliche Schauspiel sofort aufhören könnte. Aber es hört nicht auf.

Es dauert heute schon fast zwei Stunden. In ununterbrochener Folge reihen sich grelle Blitze und wilder, hallender Donner und rauschender Sturzregen. Wer es noch nie erlebt hat, kann sich das Ausmaß eines solchen Gewitters kaum vorstellen. Geradezu meint man, die Erde öffnet sich und zieht den angstgeschüttelten Erdenbewohner in den tiefsten Schlund. Die Natur bäumt sich gegen uns auf! Es ist aus! Das war es! Alle Sünden mögen vergeben werden!

Die Regenflut lässt den kleinen Springbrunnen auf unserer Terrasse überlaufen, sein Wasser sickert langsam und unaufhörlich unter der Eingangstüre hindurch in die Küche. Ich werfe mich mit Tüchern über das Nass. Eine halbe Stunde lang wische, wringe, tupfe ich auf. Unsere Katze Bianco hat sich auf dem Sofa in Sicherheit gebracht, Katzen lieben keine nassen Pfoten!

Aber ganz plötzlich ist es anders. Der Schrecken ist vorbei, ein Vogel singt zaghaft, ein erster Sonnenstrahl huscht über die nass glänzenden Steine und über die vielen Wasserlachen, der heftige Regen mündet in ein sanftes Tröpfeln ein, der Himmel zeigt blaue Flecken: Es ist überstanden. Der angstgepeinigte Mensch wird schnell wieder robust. Die Krone der Schöpfung. Er und Angst? Aber nein, ich doch nicht! Nie gehabt, kenne ich nicht! Nase oben, alle Schrecknisse sind wie weggeblasen.

Nach kurzer Zeit gehen alle wieder der normalen Arbeit nach. Die Frauen schleppen in Kiepen Holz, Heu und Sonstiges, die Männer sind in ihren Holzwerkstätten oder hocken vor einem Glas Roten im Albergo, die zahlreichen Katzen gehen auf Mäusefang, wie es sich gehört, und die wieder freundliche Sonne lugt zwischen wattigen Wolken hervor. Temporale passato, salu, bondi, salve!!

Es dauert auch dann nicht lange, bis meine alte Freundin und

Nachbarin Maria altersgebeugt und mit verschmitzten Augen über den Zaun lugt und mit klapperndem Gebiss sagt: „Temporale e passato!" Was so viel heißen soll, das Unwetter ist vorbei, war alles halb so schlimm!

Wasser Trilogie

Felsen in der Strona

Felsen eisgrau riesig
Schildkröten aus Urzeiten
sie liegen und wachen
und lassen das Wasser
rings um sich her gefallen
es umschmeichelt
die Bäuche aus Granit
es wäscht sie glatt
seit Jahrtausenden
eine Gemeinschaft

Alte Brücke

Brückenbogen
gemauert aus Granit
überspannt
eine Wasserschlucht
leicht wie ein Tanz
ich gehe mit stillem Grausen
über den Bogen
tief unten
dunkelgrüne Schleier

Flut in Portugal

Mit leisen langen
Gischtfingern
leckt die Flut
den Sand
dreht die
Muscheln um
lässt meine
Gedanken wandern
verwischt alles
steigt unaufhaltsam
und ist da

Marziniak *Inge*

In Not und Wut

Bevor sich die lange Nacht in einen warmen Sommertag verwandelt, verweile ich auf dem Balkon und genieße die Stille. Auch gestern war ein sehr heißer Tag und in der Nacht hatte es sich nicht besonders abgekühlt. Noch immer spüre ich diese Unruhe in mir, die mich nicht schlafen ließ.

Die Lautlosigkeit wird plötzlich unterbrochen von dem tuckernden Dieselmotor eines Fischerbootes, das die Fischer zu ihrem Fangschiff hinausfährt.

Sie werden wie immer drei bis vier Tage auf See bleiben und dann mit reichlich Fisch an Bord wieder zurückkehren. Ante, der Fischer auf dem Boot, erkennt mich und winkt mir lachend zu. Nach wenigen Minuten verschwindet das Schiff am Horizont.

Inzwischen ist wieder Ruhe eingekehrt. Mein Blick geht hinunter zu unserem Boot, das sanft, getragen von den Wellen des Fangschiffes, hin und her schaukelt.

Sofort fallen mir wieder die Ereignisse des Vortages ein und eine große Unruhe überfällt mich erneut.

Schon frühzeitig hatten wir uns auf den Weg zur Tankstelle gemacht, um Benzin für das Boot zu holen. Wir hatten die Fahrt auf dem Wasser vorgezogen, denn im Auto war die Hitze unerträglich. Wir ließen uns Zeit und waren in einer entspannten Ferienstimmung. Das Auftauchen einer Delfinfamilie neben unserem Boot war ein besonderes Erlebnis. Wir brauchten eine Weile, bis wir im Hafen von RAB ankamen. Die Hitze und der Gestank von Benzin und Öl im Hafenbecken waren fast unerträglich. Dennoch waren wir gut gelaunt, als MAYA, so der Name unseres kleinen Bootes, wieder mit ihrer gewohnten Leichtigkeit über das Wasser rauschte. Möglichst schnell wollten wir zurück in unsere Badebucht, um uns abzukühlen. Ich wollte, wie jeden Morgen, ein paar Runden Wasserski fahren, denn in dieser Zeit ist das Meer so glatt wie eine frisch gebügelte, grüne Tischdecke.

Mein Mann war kein guter Schwimmer und so mussten wir sichergehen, dass der Anker erst dann geworfen würde, wenn er im Wasser stehen konnte. Mir selbst ist es auch angenehmer, beim Schwimmen immer Grund unter den Füßen zu spüren.

Mittlerweile hatte ich meine Schwimmflossen angezogen und war bereit zu testen, ob wir ankern könnten. Ich sprang ins Wasser und sofort war mir klar, dass es hier noch zu tief für meinen Mann war. Ich rief ihm noch zu und bat ihn zu warten und ein paar Meter weiter in Richtung Strand zu fahren. Ungeachtet meiner Worte stand er jedoch schon auf dem Rand des Bootes und sprang laut lachend ins Wasser. Mir war bei seinem Sprung sofort bewusst, dass er sich in größte Gefahr begeben hatte. Er war plötzlich nicht mehr zu sehen.

Wild um sich schlagend tauchte er jedoch auf und klammerte sich an mir fest. Seine vor Angst weit aufgerissenen Augen zeigten mir, dass wir beide in allerhöchster Not waren. Er zog mich unter Wasser.

Ein junges Paar alberte in der Nähe auf einem Surfbrett herum und deutete unser Gerangel als lustigen Urlaubsspaß. Sie winkten und lachten zu uns herüber, erkannten aber nicht unsere gefährliche Situation.

Von ihnen war keine Hilfe zu erwarten. Noch einmal zog mich mein Mann unter Wasser. Sein Körper hing wie ein schweres Gewicht an mir. Ich versuchte mich zu lösen, ohne ihn zu verlieren. In diesem Moment hatte ich die Verantwortung für uns beide. Gedanken zwischen Panik und Wut, aber auch der starke Wille, wieder an die Oberfläche zu gelangen, gaben mir die Kraft, in seichteres Wasser zu schwimmen.

Als ich wieder festen Boden unter den Füßen hatte, wusste ich nicht, ob meine Erleichterung oder meine Wut größer waren. Ich schwieg. Gleichermaßen bemerkte ich die Sprachlosigkeit meines Mannes, die auch am Abend noch anhielt.

Die Leichtigkeit des Urlaubs war für mich vorbei. Die schlaflose Nacht hatte mir gezeigt, dass das Vergessen noch eine Weile dauern würde.

Mittlerweile ist es im Haus unruhig geworden, Die ersten Gäste gehen zum Frühstück. Ich verlasse nachdenklich meinen Balkon.

Michaels Richarda

Der Einbruch

Der Winter 1950/51 war lausig kalt. Unter den Füßen knirschte der Schnee. Zwei Schulfreundinnen holten mich eines Nachmittages zu einem Bummel in die weiße Landschaft ab. Die eine schob ein Herrenfahrrad, denn sie wohnte zwei Kilometer von uns entfernt in dem nahegelegenen Dorf, ging jedoch in unsere Dorfschule. Wir liefen eine Weile und erzählten uns. Mich reizte aber das Fahrrad. Bei meiner Freundin, einer Großbauerntochter, lernte ich im vergangenen Sommer das Fahrradfahren. Also bat ich die Besitzerin des Fahrrades, einmal fahren zu dürfen. Selbstverständlich gab sie mir das Fahrrad. Der verharschte Schnee störte mich nicht. Wenn ich falle, so falle ich nicht tief. Das eine Bein unter die Querstange zum Pedal geschoben ging es los. Wir waren circa fünf Kilometer von zu Hause fort und kamen an einen See. Darauf fuhren die einheimischen Kinder mit ihren Schlittschuhen. Die keine Schlittschuhe hatten, kaschelten mit Vergnügen auf dem Eis. Das Fahrrad war jetzt für mich uninteressant. Es lockte das Eis. Die zwei Mädchen kamen in Sichtweite gelaufen und hatten sich bestimmt gut unterhalten.

Ich legte das Fahrrad auf den Boden und lief ganz langsam an den Rand des Sees. Zweifel kamen auf, ob das Eis auch richtig durchgefroren ist. Es war durchsichtig und nicht weiß. Vorsichtig nahm ich Anlauf bis zur Mitte des Sees. Zu den anderen Kindern waren es noch etliche Meter. Ach was, dachte ich, wenn die drauf sind, kann ich das auch. Mich hält das Eis schon aus! Ein paar Rutscher und ich war fast in der Mitte des Sees. Wenn ich ein bisschen nachgedacht hätte, wie das Eis beschaffen sein muss, damit man darauf gehen kann, wäre alles nicht passiert. Aber nein, der Spaß lockte mehr.

Während des Kaschelns krachte und bröckelte plötzlich das Eis und ich sackte ab ins Wasser. Im Nu waren meine Kleider nass, die Kälte krabbelte die Beine hoch bis zum Hals. Mich zog es in die Tiefe. Mit den Armen und Beinen ruderte und strampelte ich, damit ich ja nicht mit dem Kopf unter Wasser kam. Denn dann wäre ich verloren gewesen. Das Gefühl kann man kaum beschreiben. Der Schreck lähmte mich, ich konnte nicht einmal schreien. Immer schwerer wurde ich. Griff ich am Oberflächenrand das Eis, zerbrach es ganz schnell. Nirgends war etwas zum Anfassen oder Festhalten. Feste strampeln, damit ich nicht untergehe, so waren meine Gedanken.

Es dauerte nicht lange, und die Kinder auf dem Eis erkannten meine Not. Sie kamen langsam näher. Beherzt probierte ein großer Junge mit der Hacke seines Schlittschuhes, ab wann das Eis unter seinem Schlittschuh bröckelte. Sie fassten sich alle an den Händen und bildeten eine Schlange, so daß sie sich im schlimmsten Fall gegenseitig rausziehen konnten. Der ganz mutige Junge bückte sich, erfasste meine Hand und zog mich aus dem Wasser heraus.

Sprachlos stand ich da. Das Wasser tropfte aus meinen Kleidern. Mir kam nicht einmal der Gedanke, dass die Kinder, die eine Schlange gebildet hatten, um mich zu retten, auch in Gefahr waren. Wie komme ich jetzt nach Hause? Meine beiden Schulfreundinnen sah ich überhaupt nicht mehr.

Ein rettender Engel stand neben mir. Ein Mädchen nahm mich bei der Hand, und wir liefen zu ihr nach Hause. Dort bekam ich vollkommen neue Kleidung, die mir überhaupt nicht passte, denn das Mädchen war sehr groß und ich war dagegen sehr klein. Und wie ich mich schämte. Vor fremden Leuten sollte ich mich nackt ausziehen. Aber was soll's. Meine nassen Sachen steckte die Mutter des Mädchens in eine geflochtene Tasche. Auf gehts. Ich marschierte los. Gute fünf Kilometer trippelte ich ganz allein die Landstraße entlang. Endlich konnte ich meinen Tränen freien Lauf lassen. Aus der Tasche tropfte meine Kleidung. Immer wieder sah ich mich um. Hoffentlich sieht mich keiner mit den viel zu großen Sachen. Noch nie hatte ich Seidenstrümpfe an und dann noch mit Einweckgummis an den Oberschenkeln, die die Strümpfe festhalten sollten. Wie habe ich mich bedauert. Der Weg wollte und wollte nicht enden. Keine Menschenseele bekam ich zu sehen.

Endlich war ich zu Hause. Meine Mutter saß auf der Bank am Kachelofen. Sie hatte Besuch von einer Nachbarin. Mein Aussehen erschreckte beide Frauen. Sie wussten sofort, was mit mir geschehen war. Die Nachbarin ging und Mutter half mir, mich auszuziehen. Sie rubbelte mich am ganzen Körper warm, dann zog ich warme Sachen an und durfte in ihr Bett. Denn das Zimmer war die Schlafstätte der Eltern, gleichzeitig unser Wohn- und Esszimmer. Einen warmen Ziegelstein, der mit einem Handtuch umwickelt war, legte Mutter noch in das Bett. Der heiße Tee belebte mich wieder. Einen Tag durfte ich zu Hause bleiben und wurde in der Schule entschuldigt. Mutter beobachtet mich, ob ich eventuell eine Erkältung bekam. Zum Glück überstand ich das kalte Bad. Dann ging es wieder in die Schule.

Das letzte Bad im Meer

Am Morgen weckt mich das Geplapper zweier Männer, die schon gegen sieben Uhr mehr zu schwatzen haben als zehn Marktfrauen zusammen. Obwohl wir erst wenige Tage hier sind, kenne ich dieses törichte Ritual der beiden in aller Herrgottsfrühe. Um sechs Uhr trotteln sie – Mr. Baker, der Pensionswirt, und Bill Moony, ein Gast aus New Jersey – laut palavernd zum nur wenige Meter entfernten Strand. Bei ihrer Rückkehr reden sie ohne Ende albern herum, schreien kindisch, wenn sie unter der eiskalten Dusche im Freien den feinen Sand aus Haaren und vom Körper spülen oder sich mit dem Gartenschlauch abspritzen.

Heute jedoch herrscht ein ganz anderer, ein ernsthafter Ton. Ihre Stimmen klingen barsch, fast ruppig, wobei Mr. Baker einen ganz klaren Standpunkt vertritt, während Bill Moony immer wieder versucht, seine Meinung geltend zu machen, aber kaum eine Chance bekommt. Unser Fenster steht weit offen. Ohne es zu wollen, werde ich Zeuge des bissigen Wortwechsels, der wohl schon am Strand begonnen hat.

Bill Moony brabbelt fast weinerlich:

„...ja, aber er kam doch immer wieder zu mir, du hast ihn vielleicht gar nicht richtig gesehen und..." Der Pensionswirt unüberhörbar verärgert:

„Was redest du denn da für ein Zeug..." Moony fällt ihm ins Wort:

„Hinter meinen Füßen war er her, ich trat nach ihm wieder und wieder, das hast du überhaupt nicht mitbekommen, ständig schnappte er nach mir! Und ich sage dir, es war ein Hai!"

„Nun reicht's aber! Ein Hai! Ich lach' mich tot! Ein Hai!"

„Du willst das nur nicht wahrhaben. Haie sind schlecht für's

Geschäft, stimmts?"

„Es war kein Hai! Wenn du überhaupt etwas gesehen hast, dann war es Old Snoop!"

„Ach, also doch, und er hat sogar schon einen Namen!"

„So ein Quatsch! Old Snoop ist ein uralter, ziemlich großer Barsch, der die ganze Küste hoch und runter schwimmt, ab und zu schaut er auch hier vorbei. Und merke dir, ich lebe schon fast dreißig Jahre hier und habe an diesem Strand keinen einzigen Hai gesehen, basta!"

Dann herrscht Stille. Jeder schlurft in eine andere Richtung davon. Bill Moony kommt die Treppe, die außen am Haus in den ersten Stock führt, herauf. Er und seine Frau bewohnen das kleine Apartment gegenüber dem unseren. Bevor er es betritt, höre ich ihn laut und deutlich sagen:

„Und es war doch ein Hai!"

Später treffe ich ihn und hake noch einmal nach. Er erzählt mir das, was ich schon am frühen Morgen gehört habe, auch dass er sehr enttäuscht ist von seinem langjährigen Freund Baker, der ihn nicht ernst nimmt und für den es einfach keine Haie hier an diesem Strand zu geben hat. Was er sagt, klingt überzeugend und ich glaube ihm deshalb, weil mir eine Begebenheit einfällt, die einundzwanzig Jahre zurückliegt.

Mein Mann und ich lieben Florida. Im Sommer 1973 – wir lebten damals in New York City – unternahmen wir unsere dritte Reise in den Sunshine State, wie er offiziell heißt. Dieses Mal waren wir zu viert, weil außer unserem fünfjährigen Michael auch der zwölfjährige Sohn aus erster Ehe meines Mannes sechs Wochen bei uns verbrachte. Kommt man mit Kindern nach Florida, ist es zunächst Pflicht, mit ihnen die bekannten Attraktionen wie Krokodilfarmen, Marineland, St. Augustine, die älteste Stadt der USA, Seaworld in Miami und natürlich die neu eröffnete Disneyworld in Orlando zu besuchen. Danach kamen die herrlich ruhigen Tage an der Westküste in der Pension der Bakers am schnee-weißen Strand in St. Petersburg Beach am Golf von Mexiko. Die Wellen waren mäßig, das Wasser lauwarm, die feucht-heiße Luft entlud sich fast täglich am frühen Nachmittag in einem heftigen Gewitter, das uns danach, wenn auch nur für kurze Zeit, eine herrlich klare Luft zum Atmen schenkte.

Eines Morgens, wir saßen beim Frühstück, alle Türen und Fenster offen, hörten wir laute Stimmen von unten und wir sahen einen ziemlich großen Fisch auf dem Bürgersteig liegen, umgeben von einer Gruppe Leute aus der Nachbarschaft. Als wir hinzu kamen, erkannte ich an dem länglichen, horizontal zum Körper gewachsenen Kopf einen Hammerhai. Es war ein noch kleiner, etwa ein Meter langer Fisch, der einem Angler am Haken hängen geblieben war. Und ich erinnere mich noch an Mr. Bakers beschwichtigende Worte, um seine Gäste – und das waren damals einige mehr – zu besänftigen. Ja, meinte er, da hätte sich wohl ein Jungtier aus den Tiefen des Golfstromes an diesen Strand verirrt, und er versuchte noch weitere plumpe Erklärungen, die jedoch nichts an der Tatsache änderten, dass ein Hai, egal wie klein er war und woher er kam, hier vor uns lag. Von diesem Tag an konnten wir einfach nicht mehr so unbekümmert und gedankenlos im Wasser planschen, spielen, schwimmen wie zuvor.

Damals erfreute sich die kleine Pension großer Beliebtheit. Die Bakers, noch jung und voller Energie, managten den Betrieb mit viel Engagement. Am frühen Abend zur „Happy Hour" saßen die Gäste mit ihren Drinks im Innenhof, zwischen liebevoll angelegten Blumenanlagen, unter Hibiskus- und Oleander-Sträuchern und Palmen. Die drei Kinder der Bakers, die in diesem Paradies unbekümmert aufwuchsen, waren zu beneiden.

Und jetzt im Jahr 1994 kehren wir hierher zurück und stellen fest, dass es all das nicht mehr gibt. Von den drei nun erwachsenen Kindern ist nur noch die geistig etwas zurückgebliebene

Tochter anwesend, die mehr schlecht als recht die Zimmer und Wohnungen herrichtet, wenn denn überhaupt noch Gäste kommen. Mrs. und Mr. Baker kümmern sich um gar nichts, sie zeigen keinerlei Interesse, man sieht sie fast nie und wenn, dann gehen sie getrennt zum Baden. Das ganze Anwesen wirkt ungepflegt, man fühlt die Gleichgültigkeit. Wir sind nun hier gestrandet – teils der schönen Erinnerungen wegen, teils aus purer Neugierde – um nach zweiwöchiger Florida-Rundreise die restlichen Urlaubstage am Golf von Mexiko zu verbringen.

Nach den Ereignissen an diesem Morgen und auch später am Tag verspüre ich keine Lust zum Baden. Wir fahren ein wenig herum, amüsieren uns über freche Pelikane, wenn diese auf den langen Piers den Anglern die vom Haken gelösten Fische wegschnappen. Aber die feuchte Hitze wird so unerträglich, dass wir am folgenden Vormittag wieder hinüber zum Strand laufen, um wenigstens einmal ins Wasser einzutauchen. Mein Mann, ein sicherer, aber auch waghalsiger Schwimmer, braucht die Nähe des Wassers. Ich dagegen bin übervorsichtig, um nicht zu sagen ängstlich, bedingt durch ein Kindheitserlebnis; trotzdem liebe ich das Meer. Ich zwinge mich, nicht mehr an diese Hai-Geschichte vom Tag zuvor zu denken. Am Strand ist kein Mensch. Im seichten Wasser stehen Mrs. Baker und Frauen aus der Nachbarschaft, halten ihr Schwätzchen. Herbert geht schwimmen, ich sitze im heißen Sand. Hin und wieder winken wir uns zu. Ihn hat die Hai-Geschichte nicht sonderlich beeindruckt, denn er ist sehr weit draußen. Mrs. Baker und ihre Nachbarinnen kehren in ihre Häuser zurück. Die Sonne knallt unbarmherzig auf mich herab, es ist kaum auszuhalten, ich muss ins Wasser, wenn auch nur ganz kurz. Auf halbem Weg treffe ich meinen Mann. Er ist erfrischt, denn weiter draußen ist auch der Golfstrom kalt. Das warme Wasser umspült meine Füße, ich muss weit gehen, bis es meine Schultern berührt. Herbert trocknet sich ab, wir sind ungefähr fünfzig Meter voneinander entfernt. Weit und breit bin ich das einzige menschliche Wesen im Wasser. Ich stehe ganz still, beobachte die Scharen von silbrigen Fischen, die um mich herum ihre Bahnen ziehen. Das Wasser ist so klar, dass ich auch die kleinen Krabben am Grund sehen kann, die mir unbehaglich sind, deshalb schaue ich lieber nicht mehr nach unten.

Während ich noch überlege, ob ich schwimme oder es sein lasse, hebt sich seitlich von mir der hintere Teil eines großen Fisches aus dem Wasser und entschwindet meinen Blicken. In der Sekunde, als ich ihn wahrnehme, ist der Spuk auch schon vorbei. Er muss direkt neben mir oder um mich herum geschwommen sein. Ich bin gelähmt, will schreien:

„H e r b e r t !", der aber schüttelt gerade sein Handtuch aus, kehrt mir dabei den Rücken zu. Außerdem bin ich stumm! Es kommt kein Pieps aus meinem Mund. Als ich aus meiner Starre erwache, stapfe ich, so schnell ich kann, aus dem Wasser, dann durch den heißen Sand zu ihm, erzähle, was soeben passiert ist. Er kennt mich, versteht meine Panik, weiß, dass ich ein gestörtes Verhältnis zu kleinen, großen, zu allen Gewässern samt deren Bewohner habe, hier könnten wir nicht gegensätzlicher sein. Ich fühle, was er in diesem Moment denkt. Die für mich so beklemmende Begegnung im Wasser wäre für ihn das tollste Urlaubserlebnis geworden. An meiner Stelle, das weiß ich sicher, wäre er dem Fischleib hinterher geschwommen, um zu erfahren, welche Spezies uns Menschen so nahe kommt.

Ob es es sich nun um Old Snoop, den alten Barsch, oder um den Hai, der es auf Bill Moony abgesehen hatte, handelt, bleibt ein ungelöstes Rätsel. Um weitere Begegnungen dieser Art zu vermeiden, beschließe ich spontan: „Dieses war mein letztes Bad im Meer!"

Wasser-Geschichten

Ich muss etwa fünf Jahre alt gewesen sein, als mein Vater infolge eines Eisenbahnunglücks einen Sommer lang eine Halskrawatte tragen musste. Der größte Spaß damals in Bodenwerder war für mich die Wasserrutsche im Schwimmbad. Leider war ich noch zu klein, um dort stehen zu können, und da mein Vater wegen der Halskrawatte nicht ins Wasser konnte, bat er einen Arbeitskollegen mich aufzufangen. Dieser war aber wohl im Umgang mit Kindern nicht sehr geübt und erwischte mich nicht. Ich ging unter und erinnere mich noch an diesen Moment unter Wasser, komplett unter Wasser im Schwebezustand. Es war zu kurz, um Angst zu bekommen, denn da hatte mich der Kollege auch schon an einem Bein oder Arm erwischt und holte mich heraus.

Schwimmen lernte ich dann mit einer Wäscheleine um den Bauch, von meinem Vater durch den Datteln-Hamm-Kanal in der Nähe von Dortmund gezogen.

Im Gymnasium hatten wir Schwimmunterricht und ich sprang für eine gute Schulnote mit zugehaltener Nase todesmutig vom Drei-Meter-Brett, holte die Ringe aus drei Meter Tiefe und schaffte auch die 15 m Strecke Tauchen mit Mühe und Not. Somit hatte ich meinen Freischwimmer.

Ich liebte das Meer und die Badeseen und holte in meiner Studienzeit in Berlin mir gelegentlich einen Passierschein für den Ostteil der Stadt, um am Wochentag ziemlich allein den Müggelsee für mich zu haben.

Bei meinem ersten Baby ging ich auch davon aus, dass es aus dem Wasser kam und von daher, wenn man es nicht ungeschickt anstellte, das Wasser lieben müsste. Unterstützt hat mich dabei ein Baby-Schwimmbuch, das es aber heute leider nicht mehr gibt.

Ich fing an mit „Baby Schwimmen" in der Badewanne und dort war erklärt, dass Babys bis zum siebten Monat einen Reflex hätten, so das sie die Luft anhalten würden, sobald sie Wasser ins Gesicht bekämen. Also im Vertrauen auf dieses Buch hielt ich dann an unserem dritten Hochzeitstag meinen Sohn, der damals zehn Wochen alt war, mit der linken Hand am Kinn über Wasser, mit der anderen Hand spritzte ich ihm Wasser ins Gesicht und zog ihn dann beherzt unter Wasser. Mein Herz klopfte zum Zerspringen, weil ich dachte: „Und wenn du jetzt deinen Sohn umbringst?" Aber er schaute nur ein wenig verwundert, als ich ihn wieder aus dem Wasser zog, und er hatte damit diesen ersten Tauchgang seines Lebens bravourös hinter sich gebracht.

Möglicherweise habe ich damit den Grundstein für seine Liebe zum Tauchsport gelegt.

Jeden Abend ging es von nun an in die Badewanne zu unseren Wasserspielen und er wollte gar nicht mehr heraus. Ich ließ immer wieder warmes Wasser nachlaufen, damit es uns nicht zu kalt wurde In einem kleinen aufgeblasenen Reif konnte er sich so viel besser im Wasser bewegen als an Land.

Einmal, als er auch so gar nicht mehr aus dem Wasser wollte, ich aber schon, hatte ich die tolle Idee, einfach das Wasser ablaufen zu lassen. Der kleine Kerl fuhr aber mit seinen Schwimmbewegungen mit immer weniger Wasser fort, so dass er dann am nächsten Tag blaue Flecken auf den Knien hatte, was mich erschreckte und mir ein schlechtes Gewissen machte.

Als er fünf Jahre alt war, schwamm er recht gut, aber leider nur unter Wasser, so dass ich einen gesamten Sommer am Beckenrand verbrachte, konzentriert auf mein tauchendes Kind schauend, ob er auch immer wieder den Rand erreichte. Den Sommer darauf konnte er dann wirklich schwimmen und es war nicht mehr so mühsam, ihn zu bewachen.

Zu seinen achten Geburtstag wünschte er sich einen Besuch

im Rebstockbad mit seinem besten Freund Christian. Im Schlepptau hatten wir meine kleine Tochter, die damals neun Monate alt war und mit einer Babyschwimmhilfe sehr autark und schnell sich durch das Becken bewegen konnte, so dass ich Mühe hatte, ihr zu folgen. Plötzlich sah ich auf dem Sieben-Meter-Brett ein kleines Kind, und als ich begriff, dass es mein kleiner Sohn war und ich keine Chance hatte, ihn dort herunterzuholen. Denn als er etwa drei Jahre alt war und mit seinen Schwimmflügeln aufs Ein-Meter-Brett geklettert war, hatte ihn noch der Bademeister heruntergeholt. Naja, ist alles gut gegangen.

Meine Tochter reagierte allergisch auf die Chlorschwaden am Beckenrand und ich hatte ziemliche Mühe die Amtsärztin davon zu überzeugen, dass sie am Schwimmunterricht in der Grundschule nicht teilnehmen konnte, von meiner Tochter ganz zu schweigen, die einfach nur wie alle anderen Kinder am Schwimmunterricht teilnehmen wollte.

Als Ausgleich bekam sie dafür einen Schwimmunterricht am Meer, wo das Wasser nicht gechlort war und sie schnell bei einem sehr erfahrenen Lehrer das Schwimmen perfekt lernte.

Als sie das Seepferdchen gerade gemacht hatte, schwamm sie quer durchs Becken auf mich zu, was ich filmte. Zu meiner Freude kam auch noch mein Sohn ins Bild und begleitete seine kleine Schwester an den Beckenrand. Er stieg dann aber wütend aus dem Becken und herrschte mich an, ob ich noch alle beisammen hätte, mein untergehendes Kind zu filmen. Damals war der Sucher in der Kamera so groß wie ein Fingernagel und ich konnte nicht erkennen, dass meine Tochter die Kräfte verließen und sie immer wieder unterging. Mein Sohn hatte das aber erkannt, war seiner Schwester zu Hilfe geeilt und hatte sie an den sicheren Rand gebracht. Er nahm mir dann die Kamera aus der Hand und löschte dieses für mich so einzigartige Video, in dem ich einmal beide Kinder zusammen schwimmend aufgenommen hatte.

Im Örtchen

Das letzte Essen kriecht im Hals empor, bildet eine pelzige Masse im Mund. Auf den Lippen hat sich eine gallenbittere Schicht entwickelt. Ich suche Unterschlupf in der Fäkalienkiste der Dorftoilette. Bis zum Hals stecke ich in stinkendem Kot und Urin. Ätzende graue Dämpfe versperren die Sicht, mein Atem erlahmt und die Augen tränen von brennenden Schmerzen. Draußen dröhnendes Stiefelgetrampel. Russen marschieren geradewegs auf mein Versteck zu. Jetzt holen sie mich. Ich tauche noch tiefer bis zur Unterlippe in die beißende „Brühe". Schreiend wird die Tür geöffnet!

Ich erwachte, „Gott sei Dank!"

Gut vierzig Jahre später, spüre ich beim Besuch des Films „Schindlers Liste" noch einmal meinen Ekeltraum. Die Szenen, in denen sich Kinder in den Fäkalien verstecken, stocken meinen Atem und Übelkeit macht sich breit. Meine Zunge kontrolliert die trockenen Lippen. Völlig durcheinander balle ich meine schweißnassen Hände zu Fäusten und entrücke in die Vergangenheit. Den unmittelbar darauffolgenden Teil des Films nehme ich überhaupt nicht wahr.

Nach so vielen Jahren alles wieder zu erleben, ergab durchaus einen ganz sonderbaren Moment, und ich fantasierte, mein Traum sei der Stoff zu diesem zum Film.

1959: Wohnluxus

Wir waren endlich im Wohlstand angekommen! Im Frühjahr 1959 als Erstmieter einer Neubauwohnung tat sich für meine Familie der Wohnungs-Himmel auf Erden auf.

Seit dem Krieg lebten wir in menschenunwürdigen Behausungen: Ein Zimmer unterm Dach mit Rattenplage und Toilette im Keller, zwei Räume ohne Heizung, mit einer Gemeinschafts-Toilette auf dem Flur, eine größere Wohnung als zuvor aber mit verschimmeltem Fußboden und immer noch keine Heizung. Das alles für fünf Personen und stetig ohne Bad.

Nun endlich das Gegenteil! Schon während der Bauphase bewunderten wir unser zukünftiges Heim. Für mehrere Wochen gehörte selbstverständlich ein Spaziergang zum neuen Wohnsitz als Dessert nach dem Sonntagsessen. Jeder von uns gab nun seine Vorstellung für die zukünftige Einrichtung zum Besten, wobei die Fantasie unsere beschränkten Möglichkeiten völlig ignorierte.

Allerdings verbrachten wir die meiste Zeit im entstehenden Bad, endlich bekamen wir unser erstes eigenes: blaue Kacheln an den Wänden, der Fußboden schwarzweiß gefliest, eine emaillierte Badewanne, ein Waschbecken mit warmem und kaltem Wasser, selbstverständlich eine Toilette und eine toll funktionierende Zentralheizung. Jeder von uns geriet in seine persönliche Schwärmerei über diese neue Errungenschaft.

Für mich war die tolle Wohnung mit drei Zimmern etwas ganz Besonderes, weil wir bis jetzt immer sehr beengt gelebt hatten, und nun war ein Raum für mich alleine vorgesehen, allerdings nutzten wir es in den Anfängen als das gemeinsame Wohnzimmer zwecks fehlender Möbel. Ebenfalls gehörten eine große Küche, eine kleine Kammer und zwei Kellerräume zu unserem neuen Zuhause, so dass wir uns nach dem Einzug wie reiche Leute fühlten.

Zum einen vermittelte die helle, großzügige Wohnung Luxus pur, zum anderen verstanden meine Eltern mit einfachen Mitteln, einen gemütlichen Lebensbereich zu gestalten; hierbei waren Mutters Einfälle unerschöpflich.

Vater setzte ihre Ideen um. In der Küche baute er hüfthohe stabile Regale, das Material suchte er sich vom Sperrmüll zusammen. Die Arbeitsfläche wurde mit Linoleum bespannt und Vorhänge aus Stoff ersetzten die Türen. Passend dazu nähte Mutter aus dem gleichen Material Gardinen. Alles bekam dadurch einen gemütlichen Landhausstil. Zwei alte Holzstühle erhielten einen neuen Farbanstrich, übereinstimmend mit Türen und Fensterstores. Ein auf Raten gekaufter Gasherd und eine Eckbank mit Tisch machten die Küche komplett.

Außer Essen und Kochen verbrachten wir viele Stunden in der Landhausküche, sie wurde unser zentraler Lebensmittelpunkt. Die ganze Familie fühlte sich hier besonders wohl. Wir beschäftigten uns mit Gesellschaftsspielen, bewirteten Gäste, wir Kinder machten Schulaufgaben und Mutter bügelte die Wäsche. Außerdem saßen häufig die Eltern mit uns Kindern gemütlich um den Küchentisch und träumten vom großen Lottogewinn, und jeder schwärmte von seinen Wünschen. Hierbei verloren wir Zeit und Raum.

Das Schlafzimmer der Eltern wurde mit außergewöhnlichem Inventar ausgestattet. Zum geschenkten Doppelbett bastelte Vater aus Apfelsinenkisten zwei herrliche Nachtschränkchen. Die hochkant gestellten Kisten besaßen Mittelböden, die ebenfalls mit Linoleum ausgelegt wurden. Darüber als Ablagefläche nagelte er Sperrholzplatten, die mit Glanzfarbe angestrichen wurden. Auch dafür fertigte Mutter die Türen, diesmal aus dem gleichen

Stoff wie der der Bettdecke. Eine lange Stange von Wand zu Wand ersetzte den Kleiderschrank.

In der kleinen Kammer, in der mein Bruder schlief, fand ein Krankenhausbett mit Nachtschränkchen seinen Platz. Mit gehäkelter Bettdecke und bunten Kissen brachte Mutter auch dort Gemütlichkeit rein.

Nachdem ich anfangs auf einer Matratze im leeren Raum geschlafen hatte, kauften die Eltern einige Möbel auf Ratenzahlung. Zuerst kam die Einrichtung für das Zimmer, in welchem ich schlafen sollte, an die Reihe. Dieses nutzten wir zwar alle gemeinsam tagsüber als Wohnstube, aber nachts gehörte es mir alleine. Viele Abende schlief ich erst spät ein, denn in Gedanken räumte ich meine Sachen in die nagelneuen Schränke.

Schon nach einigen Monaten konnte ich tatsächlich einräumen, denn die Eltern schafften Wohnzimmermöbel an, so dass ich nun endlich rund um die Uhr stolze Bewohnerin meines eigenen Zimmers wurde.

Freunde, Verwandte und natürlich ganz besonders meine Familie, wir alle fühlten uns immer wohl in dem improvisierten Luxus, so dass wir noch nach vielen Jahren über die außergewöhnliche Wohnungseinrichtung ins Schwärmen gerieten.

„Der Arme Konrad"

Der blaue Himmel spannte sich wie eine Theaterdecke über das Dorf Wandlitz und den Sportplatz. Die kleine Tribüne mit dem dahinter befindlichen Gebäude, in dem sich die Umkleidekabinen für die Sportler befanden, bildete einen idealen Hintergrund. Wie bei allen Theateraufführungen hatten wir Schüler und Schülerinnen alle im Dorf verfügbaren Stühle in endloser Schlange aus dem Gasthof und allen öffentlichen Gebäuden auf den Platz getragen und in Reihen sauber aufgestellt. Mit einiger Phantasie sollten die Besucher das Gefühl haben, in einem Freilichttheater an einem unbekannten Schauspiel teilzunehmen.

Unsere Deutschlehrerin, Grete Grix, aus Wandlitzsee war eine begeisterte Veranstalterin von Schüleraufführungen zusammen mit der Schulmannschaft der Oberschule in Wandlitz, in der Mark Brandenburg, vor den Toren der Stadt Berlin gelegen. So wurde als drittes Theaterstück im Jahr 1949 das Schauspiel aus dem deutschen Bauernkrieg 1514 „Der Arme Konrad" aufgeführt. Der Verfasser war Friedrich Wolf, ein Schriftsteller der DDR, der Deutschen Demokratischen Republik.

Ich hatte die Ehre, die Hauptfigur zu spielen, den Herzog Ulrich von Württemberg. Herzog Ulrich war ein absoluter Herrscher, unter dem besonders die Bauern zu leiden hatten.

Unsere Oberschule in Wandlitz, die ich seit 1944 in der neunten Klasse besuchte, lag auf einem Seegrundstück am Wandlitzsee. Ein großer Obstbaumgarten trennte das Gebäude vom See. Der Garten ging, zwanzig bis dreißig Meter vom Ufer entfernt, in ein kleines Wäldchen über und war damit wunderbar für Freilichtaufführungen durch die Schülerschaft geeignet. Unvergessen, als der Puck durch die Büsche hüpfte und die Elfen ihren Tanz aufführten. Diese Szene ereignete sich bei der Aufführung des Sommernachtstraumes von William Shakespeare 1948. Auch dieses Stück war ein großer Erfolg. Alles hatte mit der Aufführung des Stückes von „Per Gynt" von Henrik Ibsen im Sommer begonnen.

Diese Unterstützung des Bemühens des neuen Geistes in diesem Teil Deutschlands „Die Kultur auch auf das Land zu bringen", fand hier ihren Beweis. Wie auch immer die Entwicklung in der DDR zu beurteilen ist: Hervorzuheben ist die Tatsache, dass die Kostüme sämtlich aus dem Depot des Deutschen Theaters in Berlin stammten, was auch mir bei meinem Mitwirken im Stück „Der Arme Konrad" zugutekam.

Die Aufführung im Jahre 1949 durch die Schüler und Schülerinnen der Oberschule Wandlitz musste nun, so wollte es wohl die verantwortliche politische Führung, ein Stück sein, dass den „Klassenkampf" zum Vorbild hatte. Dieses Genre fand sich im „Armen Konrad" reichlich wieder, zeigte es doch den verständlichen Aufstand der Bauern und Handwerker im Jahr 1514 gegen Unterdrückung und Ausbeutung.

Eine zweite Aufführung gab es im Gasthof des Dorfes Klosterfelde, einem kleinen Bauerndorf in unmittelbarer Nähe. Hier fanden wir richtige Kulissen vor und konnten unser ganzes Können vor dem dankbaren Publikum zeigen. Auch die echten Kostüme aus dem Theater in Berlin gaben uns Sicherheit und mir den notwendigen Elan, z.B. bei dem Gefecht mit Florett mit meiner Kurtisane Judica im Schloss von Stuttgart. Das richtige Fechten hatte uns ein Fachmann vom Theater erklärt.

Der Gasthof „Zum tapferen Schneiderlein" in der Klosterfelder Hauptstraße ist heute noch in Betrieb. Welch ein Gegensatz zum weiten Sportplatz bildete die Enge des hundert Personen fassenden Saales. Wir spürten, dass der engere Kontakt zum Publikum unserer Darstellung des „Armen Konrad" zugutekam.

Der Höhepunkt dieser Aufführungsreihe war der Auftritt in dem Kulturhaus einer Reifenfabrik in Schönow, einem Stadtteil der Stadt Bernau. Die Stadt Bernau ist so alt wie die Stadt Berlin und wurde in den Anfangsjahren der Mark Brandenburg gegründet. Wir wurden mit zwei Lastwagen des Betriebes transportiert. Wir Schüler und unsere Betreuer saßen auf Pritschen auf dem offenen Lastwagen, während ein zweiter LKW die Kostüme und sonstigen Utensilien transportierte.

Im Kulturhaus war alles perfekt organisiert. Wir hatten richtige Umkleidekabinen und viel Platz für Proben und sonstige Vorbereitungen. Alle drei Aufführungen waren ein Erfolg und haben mir und meinen Schulkameraden und -kameradinnen sehr viel Freude bereitet. Gerade aus dem Kulturhaus sind mir die Szenen des Gefechtes und die Auseinandersetzungen als Herzog mit meinem Jugendfreund Ritter Thun in Erinnerung geblieben.

Bei dieser Aufführung spürten wir alle, wie sich ein Schauspieler oder Schauspielerin fühlen muss, wenn er in so einem großen Saal, vor so zahlreichem Publikum seine Kunst zeigen kann.

Alle drei Aufführungen hatten uns Schülern und Schülerinnen sehr viel Freude bereitet und auch unsere Lehrerin Frau Grete Grix mit Stolz erfüllt. Leider konnte ich an weiteren Schulaufführungen nicht teilnehmen und habe auch keine Mitstreiter später wiedergesehen. Ich musste ein Gymnasium in Ost-Berlin besuchen, weil ich noch zu Englisch und Russisch Latein lernen musste. Latein war wiederum Voraussetzung für das Abitur in West-Berlin, das ich dort im Jahre 1954 ablegen wollte.

Vom Vorrats- zum Luftschutzkeller.

Warum denke ich jetzt nach siebzig Jahren so oft an den Keller des inzwischen abgerissenen Hauses meiner Kindheit? Hinunter ging`s über eine sehr schmale Steintreppe in einen gewölbten Keller, ganz niedrig, der Boden nur teilweise betoniert, im hinteren Teil naturbelassen, aber sehr fest wegen der vielen Steine. Hier wurden Kartoffel gelagert, ebenso Gemüse und Obst aus dem eigenen Garten.

Most, gekeltert beim Gastwirt in der Nachbarschaft, wurde zum Gären in riesige dickbäuchige Flaschen gefüllt. Wochenlang hielten wir den ekligen Geruch, der sich durch die Gärung entwickelte, nicht nur im Keller, sondern überall im Haus aus.

Einen Kühlschrank besaßen wir bis Ende 1948 nicht. So mussten wir im Keller jedes Gericht, das nicht verderben sollte, ebenso Wurst, Fleisch, Butter, Käse, Milch und alle Getränke aufbewahren. Tag für Tag war mehrmals alles Mögliche nach unten zu bringen und bei Bedarf wieder in den ersten Stock zu schleppen. Unvorstellbar für heutige Verhältnisse!

Seit Beginn des Jahres 1942 änderte sich alles. Der Keller wurde zum Zufluchtsort und Luftschutzkeller für die Familie. Nur Vater war nicht mehr bei uns, denn seit 1941 war er Soldat. Mindestens drei Jahre lang bis zum Ende des Krieges 1945 saßen wir immer wieder im Keller, manchmal bei Tag, manchmal bei Nacht, immer wenn die Sirenen Fliegeralarm ankündigten.

Unsere Großeltern, die das Erdgeschoss im Haus bewohnten, hielten sich im hinteren, meine Mutter, mein Bruder und ich im vorderen Kellerbereich auf. Warum saßen wir in dieser schrecklichen Situation nicht alle zusammen? Für uns Kinder war das unverständlich und oft unerträglich. Fakt war: Unsere Mutter hatte mit ihren Eltern ständig Streit. Sie gingen sich aus dem Weg und konnten nicht mehr zusammen reden. Dabei hatten mein Bruder und ich Oma und Opa genau so gern wie unsere Eltern.

Sobald die Sirenen heulten, nahmen wir unsere schon vorsorglich gepackten Taschen mit wichtigen Papieren und für jeden von uns wertvollen und nützlichen Gegenständen und marschierten nacheinander die schmale Kellertreppe hinunter. Meine Puppe Heidi musste immer mit. Da hockten wir nun, aufgeregt, voller Angst, und hörten, wie die Bombengeschwader der Engländer und Amerikaner über den Taunus in Richtung Frankfurt dröhnten.

Von den im Ober Eschbacher Feld stationierten Soldaten und deren Flack wurden die Flugzeuge beschossen. Die Besatzung revanchierte sich durch den Abwurf von Bomben auf die Station. Wenn es endlich Entwarnung gab, ging´s wieder nach oben. Nur erstmal raus aus dem dunklen Keller!

Schrecklich war es nachts, wenn die Sirenen heulten. Aus dem Schlaf gerissen, angsterfüllt taumelten wir die Kellertreppe hinab. Verzweifelt fragten wir:

„Wie lange sollte dieser Schrecken noch anhalten?"

Auch auf dem Schulweg oder beim Spielen auf der Straße rannten wir, sobald die Sirenen Alarm ankündigten, voller Panik nach Hause und in den Keller.

Abends und in der Nacht durfte aus dem Haus kein Licht zu sehen sein. Alle Türen und Fenster waren verdunkelt.

Ausgeliefert sein, im Keller sitzen, manchmal Stunden, auch in der Nacht, wie lange noch? Gibt es im Keller Sicherheit? Fragen, auf die wir keine Antwort erhielten.

Wintertraum in Dresden

Viele Jahre sind vergangen seit jenen vorweihnachtlichen Tagen in Dresden. Natürlich war die Fahrt mit dem Bus auf der Autobahn bei Schnee und Eis kein reines Vergnügen, doch unser Busfahrer hat alles sicher und kompetent gemeistert und bis sechzehn Uhr hatten wir das Hotel in Dresden erreicht. Überrascht waren wir von der günstigen Lage direkt in der Innenstadt, von dem traumhaften Ambiente, das uns bei unserer Ankunft entgegenstrahlte, und auch von den wunderschön ausgestatteten Zimmern.

Nach unserer Ankunft machten wir einen Bummel über den bekannten Striezelmarkt. Schneeflocken rieselten leise vom Himmel, die romantische Beleuchtung der Kerzen und die vielen Lichterketten, weihnachtliche Musik aus allen Ecken, eine phantastische Atmosphäre, die nie aufhören sollte, versetzte mich in eine Stimmung, die ich schon lange nicht mehr erlebt hatte, und die auch in meinen nächtlichen Träumen noch anhielt.

Am nächsten Abend stand die Aufführung des Balletts „der Nußknacker" auf unserem Programm. Es war mein erster Besuch in der Semper-Oper, ein einzigartiges Erlebnis. Allein der Blick auf das hell erleuchtete Gebäude war fazinierend. Der Eingangsbereich mit seinem wunderschönen Ambiente, der Opernsaal mit der tollen Deckenverzierung waren so beeindruckend, dass ich immer wieder hinschauen musste. Einer der prächtigsten Elemente der Innengestaltung ist der kunstvoll bemalte Schmuckvorhang.

Gleich im ersten Akt begeisterte mich ein hohes Glockenspiel mit seinem überirdischen Klang. Ich war hin- und hergerissen von der mystischen Aufführung, und in meiner Phantasie entwickelten sich sonderbare Gedanken und Bilder:

Ich bin Marie, die junge Heldin und ein besonderes Geschenk, ein Nussknacker, erobert mein Herz. Magische Kräfte lassen den hölzernen Gesellen wachsen und lebendig werden, und er vereint eine Truppe zum Leben erweckter Spielzeugsoldaten. Der gruselige Mausekönig, den mein Bruder geschenkt bekam, formiert sich mit einer Armee von kriegerischen Mäusen. Es kommt zu einem erbitterten Kampf, den die Gruppe des Nussknackers beinahe verloren hätte. Ich greife ein und verhelfe meinem Nussknacker zum Triumph.

Auf wundersame Weise verwandelt sich dieser nun in einen jungen Prinzen, und ich erlebe gemeinsam mit dem Prinzen, wie wir beide durch eine verschneite, geheimnisvolle Winterlandschaft einen langen Weg gehen, bis wir zu einem prachtvollen Schloss kommen. Hier werden wir schon erwartet. Es ist ein rauschendes Fest im Gange, der Prinz und ich tanzen bis zum Morgengrauen.

Irgendwann erwachte ich ganz verwirrt aus meinem Traum. War ich wirklich bei dieser märchenhaften Aufführung eingeschlafen? Ich erwartete keine Antwort und insgeheim wünschte ich, dass dieser märchenhafte Traum noch lange nicht zu Ende ist.

Das Dachstübchen

Das Dachstübchen fristete sein Dasein in der kalten Jahreszeit ziemlich unbeachtet. Schließlich war es ohne Heizung viel zu unwirtlich, um sich da aufzuhalten. Wie schnell verwahrloste es ungeputzt und ungelüftet. Es wurde zur Abstellkammer für allerhand ungebrauchten Hausrat, Werkzeug und Spielsachen, die im Wohnbereich störten.

Schon im Sommer stellte die enge, steile Holztreppe eine Hürde dar und im Winter wollte sie erst recht keiner gerne hinaufstapfen.

Dachstübchen gab es sogar zwei, denn wenn man im Flur oben ankam, entschied man sich entweder nach rechts zum größeren Mansardenzimmer, das sogar einen fensterlosen, düsteren Vorraum hatte, oder man wendete sich dem Zimmer zur linken Hand zu, das man durch eine knorrige Holztür betrat. Zwei Fenster darin ließen viel Licht herein, denn der Blick ging zum Garten hinaus. So wirkte es hell und freundlich. Zur einen Seite besaß es zudem noch ein schmächtig-schmales Kämmerchen mit einer Dachschräge. Die einstige Tür dahinein ersetzte ein schwerer Stoffvorhang. Ein stattliches Bett und eine Kommode fanden immerhin Platz, doch ein Nachttischchen wollte nicht mehr recht daneben passen – zu schmal war der Gang. Dieser gesamte Wohnbereich diente im Sommer als Ferienunterkunft mit maximal drei Betten.

Anfangs gab es im Obergeschoss noch nicht einmal Strom. Wenn im Frühjahr die ersten warmen Sonnenstrahlen durch das Giebelfenster drangen und die schrägen Dachflächen sich erwärmten, zog es mich hinauf mit der Neugierde des Entdeckers. Staubwölkchen wirbelten auf beim Betreten der Stuben. Manche verfingen sich in den Spinnweben, die sich zwischen den Gegenständen breit gemacht hatten. Ich schreckte zusammen und trat augenblicklich den Rückzug an, wenn sich eine dicke Spinne sehen ließ.

Zum Glück ging die Großmutter resolut zu Werke. Sie riss das Fenster auf, schüttelte die eine und andere Textilie zum Fenster hinaus, fegte und klopfte und schrubbte und wischte in den Zimmerchen, sodass das Mobiliar wie wachgerüttelt sich erfrischte. Der Geruch von Mottenkugeln wich dann langsam zurück.

Währenddessen durchstöberte ich die locker gepackten Kartons. Meine Stunde war gekommen, um Vieles, was ich bereits vergessen hatte, wieder freudig in Beschlag zu nehmen. Kasperletheater, Schultafel, Puppenmöbel und Kaufmannsladen richtete ich mir im vorderen Zimmer mit dem Giebelfenster her. Ich ahmte meine Großmutter mit allem Eifer nach: auch bei mir wurde alles abgewischt, gerückt und ausgeschüttelt und der Teppich des Puppenhauses geklopft. Ich vertiefte mich ins Einrichten und Zurechtmachen. In freudiger Erwartung dachte ich mir dabei Szenen aus, die ich später spielen wollte. Aus meinen Gedanken gerissen wurde ich, als ich feststellte, dass der fortschreitende Nachmittag bereits begann, dämmrig zu werden. Ernüchtert stellte ich dann fest, wie schnell die Zeit vergangen war.

Plötzlich bemerkte ich die lautlose Stille um mich her. Ich lauschte genauer – ja richtig! Da gab es auch Knistern und Knacken. Das heizte mir ein. Waren da versteckte Wesen um mich herum? Ich vermutete heranschleichende Gestalten, auch wenn nur ein Luftzug unter der Zimmertür den Vorhang ein wenig bewegte oder ein schauriger Ton sich hören ließ.

Anfangs versuchte ich, tapfer zu sein und mein Unwohlsein zu verscheuchen. Schließlich hatte ich mich in mein Spiel so schön eingesponnen und mochte nicht zurück auf den Boden von Hier und Jetzt. Ich wollte dies alles ignorieren. Doch lange hielt ich das nicht aus. Im Gegenteil – Ich erschreckte mich zusehends immer mehr, fühlte mich bedrängt und bedroht von meinen Hirngespinsten.

Ich wagte nicht mehr zu sprechen, um die Laute um mich her nicht zu überhören. Mein Atem ging flach, um die eigenen Schnaufer zu vermeiden. Jede meiner Bewegungen kontrollierte ich vorsichtig. Als ich begriff, dass meine Spannung unter diesen Umständen nicht mehr nachlassen würde, suchte ich nach einem Ausweg. Ich feuerte mein Hasenherz an, befahl ihm Mut. Der Puls schlug am Hals und pochte. Innerlich nahm ich mehrere Anläufe und schließlich schaffte ich es: Ich zählte bis drei - und mit einem Hauruck trat ich die Flucht an. Ich stürmte in den Flur und schlitterte fast die Treppe hinunter - gerettet

Kriegsende im Kirchenkeller 1945

Zurückkehren aus der Evakuierung in Kärnten nach Köln konnte und wollte Mutter mit uns Kindern nicht. Unsere große Wohnung dort war fast völlig zerstört. Ganz Köln war damals ein Trümmerfeld. So fanden wir bis zum Kriegsende in Wiesbaum in der Eifel Zuflucht bei meinem Patenonkel, dem Bruder meiner Mutter. Onkel Karl war dort Pfarrer. Das Pfarrhaus und die Kirche waren durch einen brückenartigen Übergang miteinander verbunden. Wir lebten fast schon ein Jahr lang im Pfarrhaus alle zusammen: Meine Mutter, ihr alter Vater Jakobus Pia, mein Onkel, mein Bruder Juppe, ich, Fräulein Gertrud, die Haushälterin, und ihre Schwester Johanna. Unser Vater war irgendwo als Soldat im Krieg, wir wussten nicht einmal, ob er noch lebte. Vom Kriegsgeschehen bekamen wir zu dem Zeitpunkt noch nicht so viel mit. Wiesbaum lag in der Nähe vom vielen Kilometer langen Westwall. Der Westwall war aus dicken Betonklötzen erbaut, der eine Panzersperre bilden sollte. Dann rückte die Front aber immer näher, und so hörten wir bald drohendes Donnergrollen der Geschütze, das Heulen von tieffliegenden Stuckas und Explosionen. Wir hatten schreckliche Angst.

Aus Sicherheitsgründen wurden wir alle im Kirchenkeller einquartiert. Es war ein tief unter der Kirche gelegenes Gewölbe aus roten Ziegelsteinen. Nun waren wir schon vier Wochen dort Tag und Nacht. Nur manchmal wagten wir uns zum Luftschnappen in den Pfarrgarten.

Die dicken Holzstellagen, auf denen in friedlichen Zeiten Kartoffeln und andere Vorräte lagerten, waren nun mit Matratzen und Decken für die Nacht bedeckt.

In den letzten Wochen gab es keine Nachrichten mehr über

den Krieg. Ein Radio hatten wir nicht. Manchmal wurde geflüstert: „Die Russen kommen" oder „die Amerikaner kommen". Wir ahnten, das Ende des schrecklichen Krieges schien nahe zu sein. Mama, mein Bruder, ich und die anderen Frauen weinten oft, aber wir beteten viel mit meinem Onkel Karl zusammen und versuchten, mutig zu sein.

Das Kriegsgetöse hörte plötzlich an einem Morgen völlig auf. Es war still, ganz still. Wir schauten uns an, wir rückten noch näher zusammen, wir zitterten, wir hatten schreckliche Angst. Es war unheimlich! Kein Kanonendonner, keine heulenden Stuckas. Einfach nur Stille. Eine unheimliche Stille.

Da hörten wir von oben laute Schritte, die Türe des Kirchenkellers öffnete sich knarzend. Es erschienen erst zwei dicke große Stiefel auf der Steintreppe, ein riesiger Mann folgte und dann begann ich zu schreien.

Ein schwarzer Mann. In seinem Gesicht sah ich zwei Augen rollen, in seinem Mund blitzten weiße Zähne, er lachte und machte beruhigende Bewegungen mit seinen Händen. Aber ich schrie immer weiter, fest an meine Mutter geklammert. Als er bei uns stand, zog er Schokolade aus seiner Tasche und hielt sie zu uns hin. Dann sprach er sehr leise mit meinem Onkel, der die fremde Sprache verstand. Onkel Karl sagte nur: „Ihr braucht jetzt alle keine Angst mehr zu haben, der Krieg ist zu Ende! Wir wollen Gott danken und zusammen beten." Das taten wir.

Enfant terrible im Beginenhof

Es war so weit. Die Abiturfahrt war geplant und mit Klassenleh-rerin und Eltern alle Verhaltensregeln besprochen. Wir fuhren mit dem Bus nach Brügge (Flandern).

Unsere Unterkunft war in einem ehemaligen Beginenhof. Ein ehrwürdiges uraltes Anwesen. Wie Perlen an der Schnur reihten sich kleine einstöckige, spitzgieblige Häuschen aneinander. Ein riesiger Garten und sattgrüne Wiesen umgaben die Häuser. Überall standen große goldgelbe Osterglocken. Es war ein ver-wunschener, fast märchenhafter wunderschöner Ort.

Von der Fahrt noch ganz aufgekratzt, bezogen wir je zu zweit unser kleines Dormitorium einer früheren Begine. Das waren da-mals ab dem Mittelalter unverheiratete Frauen oder Witwen, die in einer religiösen Glaubensbewegung dort in der Gemeinschaft einen neuen Lebenssinn fanden. Sie brauchten keine Gelübde abzulegen, konnten jederzeit den Beginenhof verlassen und ihr weltlich orientiertes Leben wieder aufnehmen. Die Selbstbestim-mung war ihnen wichtig. Das imponierte uns jungen Damen mächtig.

Wir standen unter der Obhut unserer sehr jungen Klassenleh-rerin, die wir nicht ernst nahmen, und unserer Chemielehrerin, die sehr behäbig und gemütlich war und für uns übermütige Schülerinnen großes Verständnis hatte. Wir liebten sie sehr. Sie war unsere Glucke. Sie wurde von uns liebevoll Oma Hahn genannt. „Meine Damen", so waren oft ihre Worte, „Sie müssen sich ein wenig erwachsener benehmen!" Dabei wedelte sie mit ihrer Hand und lächelte. Wie gesagt, wir liebten sie sehr.

Ich bezog mit meiner Freundin ein kleines Beginen-Dormito-rium, wir kicherten über alles und behaupteten zwei Beginen zu sein. Für mich war alles wie eine Theateraufführung. Dann huschten noch zwei drei Klassenkameradinnen in unsere Zelle, und bald war der Teufel los. Ich, leider fast wie immer, war die Lauteste. Großspurig zog ich aus meiner Reisetasche verbotene Zigaretten und ein Feuerzeug hervor. Meine Klassenkameradinnen hielten erschrocken den Atem an und fürchteten um meinen Verstand, fanden es aber ungeheuer aufregend und verwegen. Ich sonnte mich wohlig in ihrer Bewunderung und stellte mich an das geöffnete kleine Fenster. Theatralisch zündete ich mit großer Geste eine Zigarette an, kam mir großartig und verrucht vor und qualmte und paffte munter aus dem kleinen Fenster.

Meine Freundinnen kicherten und tuschelten. Nach einer kleinen Weile sagte ich lässig mit dem Rücken zum Zimmer stehend: „Hoffentlich kommt unsere Alte nicht, sonst ist hier bald was los." Plötzlich verstummte die muntere Schar, eine unheilvolle Stille trat ein, als eine erboste Stimme erklang, „die Alte ist schon da!" Ich ließ die brennende Zigarette aus dem Fenster fallen und fuhr herum. Meine Freundinnen hatten sich alle leise verzogen, ich stand alleine da und begann zu zittern. Da stand unsere Klassenlehrerin wie ein Racheengel mit hochrotem Gesicht, die Arme in die Seiten gestemmt und funkelte mich an. „Sie sind ein enfant terrible", zischte sie mir wütend zu. „Das wird Konsequenzen haben!" Aus, vorbei, das war es! Ich sackte zusammen. Ich war dem Donnerwetter alleine ausgeliefert. Meine armen Eltern, dachte ich entsetzt. Ich verfluchte mich innerlich, weil ich immer das enfant terrible war! Ich wollte immer das tun, was andere sich nicht trauten, um dann bewundert zu werden. Zerknirscht senkte ich meinen Kopf und rang um Fassung.

Zu meiner Rettung erschien in höchster Not unsere Oma Hahn, sie war von meinen Freundinnen alarmiert worden. Begütigend sprach sie erst auf meine Klassenlehrerin und dann auf mich ein. Sie meinte mit verschwörerischem Augenzwinkern in meine Richtung, dass ich das bestimmt nur aus Jux und Angeberei gemacht hätte und es bereits tief bereute. Sie warf mir damit einen Rettungsring zu. Völlig stumm nickte ich eifrig mit niedergeschlagenen Augen. Ich schämte mich gewaltig und Tränen kullerten über meine Wangen. So musste ich fest versprechen, nicht mehr gegen die Regeln zu verstoßen. Es wurde mir endlich verziehen, und meine Eltern sollten nichts davon erfahren.

Oma Hahn war und blieb unsere Freundin und gütige Vertraute. Auch sie sei einmal jung und übermütig gewesen, sagte sie einmal schmunzelnd zu uns, als wir über unsere Abiturfahrt mit ihr sprachen. Welch eine Pädagogin!

Langhammer *Eve Marie*

„Erker"

Raum ist in der kleinsten Hütte, dieser Ausspruch traf für unsere inzwischen groß gewordene Familie nicht mehr zu. Wir lebten mit unseren vier Kindern sehr beengt in einer Zweizimmerwohnung und suchten dringend nach mehr Wohnraum. Im Nachbarhaus lebte eine alleinstehende alte Dame in einer 110 qm großen Wohnung. Sie interessierte sich für ein kleineres und preiswerteres Zuhause, so boten wir ihr unsere Zweizimmerwohnung zum Tausch an. Gerne willigte sie in diesen Vorschlag ein, sodass sich auch die jeweiligen Vermieter einverstanden erklärten.

Wir halfen ihr den Umzug vorzubereiten. Der gesamte Hausrat von Frau S. kam zuerst an die Reihe. Manches Möbelstück sollte veräußert oder entsorgt werden, nur die notwendigsten und liebsten Stücke konnten im neuen Heim Platz finden. So kam der Umzugstag heran, an dem beide Haushalte hin und her bewegt werden mussten!

Unsere wenige Habe stellten wir zunächst auf den Hof, die aus dem Wohnzimmer und Kinderzimmer, auch einige Kisten mit Geschirr, Wäsche und sonstigem Allerlei. Diese Sachen fanden in der großen, geräumigen Wohnung sehr schnell ihren Platz! Freunde halfen und unsere Kinder waren mit Feuereifer dabei. Sie tobten vor Übermut durch alle Zimmer, den langen breiten Flur und die Küche. Dort stand ein riesiger Herd mit einem integrierten Wasserschiff, das immer für heißes Wasser sorgte. Dieser Herd musste täglich mit Holz und Kohle gefüttert werden; erst später konnten wir einen Gasherd kaufen!

Zur Freude aller Familienmitglieder fand sich durch eine Tür vom übrigen Raum getrennt ein Erker. Drei schmale hohe Fenster ließen Licht und Sonne herein. Es war ein idealer Rückzugs-

132

ort, der für Ruhe und Geborgenheit sorgte.

Zunächst nahm ich ihn selbst in Anspruch, um mir ein kleines Gewächshaus einzurichten, und nannte ihn liebevoll „Mein Grünkämmerchen".

Ein großer Tisch diente als Arbeitsbereich. Hier zog ich vom Sämling bis zur Topfpflanze meine Lieblingsblumen heran. Sommerblumen und Geranien gediehen und entwickelten sich prächtig ausgepflanzt in Kästen vor den Fenstern. Leuchtend rote Hängegeranien zogen die Aufmerksamkeit einer Gartenjury auf sich, die unterwegs in der Stadt die schönsten Vorgärten, Balkone und Fenster in ihrem Blumenschmuck fotografierten! Zu Ende des Sommers fand ich eine Nachricht im Briefkasten, dass der Siegespreis unseren Fenstern im ersten Stock zugedacht sei. In diesem Grünkämmerchen säte und pflanzte ich noch manches Jahr, bis sich unser viertes Kind anmeldete.

Der kleine Raum sollte für das Baby kindgerecht eingerichtet werden. So wurde der große Arbeitstisch zum Wickeltisch, auch das Bettchen brauchte Platz. Fröhliche, helle Wände und Gardinen gestalteten das Zimmerchen neu. Der sonnigste Ort wurde für fünf Jahre unserem Jüngsten Schlaf- und Spielstätte zugleich. Rainer, um einige Jahre älter als Matthias, warf schon lange ein Auge auf dieses separate Domizil. Er bot seinem Bruder an, in das angrenzende größere Zimmer zu ziehen, da er dort viel mehr Platz habe als bisher, und Matthias willigte ein. So verschwand die Kleinkindereinrichtung aus dem Erker.

Rainer – ein Fußballfanatiker – schuf sich eine Reporterkabine, wo man ihn täglich für lange Zeit antreffen konnte. Fähnchen von Vereinen, Bilder von Mannschaften und Konterfeis beliebter Spieler schmückten Wände und Tür. Er selbst gab Reportagen, wie er sie von Reportern aus dem Rundfunk hörte. Er berichtete regional, deutschland- und weltweit. Die Tür seiner Kabine, wenn er sich darin aufhielt, blieb stets geschlossen; doch bei Störung konnte er sehr böse werden. Manchmal hörten wir Jubelgeschrei; ein Tor war gefallen oder auch betretenes Schweigen, gewiss verlor eine seiner Mannschaften.

Viele Jahre lebte er glücklich in seiner Kabine, bis die Schule höhere Anforderungen stellte. Nach bestandenem Abitur nahm er in Göttingen sein Studium auf. Seine Freude am Fußball aber verlor er bis heute nicht.

So langsam verwaiste der vielgeliebte kleine Ort. Doch lange sollte es so nicht bleiben. Nun richtete ich mir zum kreativen Gestalten ein Atelier ein. Hier bastelte ich kunstvolle Dinge, versuchte mich in Seidenmalerei, auch das Aquarellmalen erlernte ich. Papierfalttechniken lieferten allseits sehr geschätzte kleine Geschenke. So manche Handarbeit fand hier ihre Fertigstellung. Einen Bauernmalkurs belegte ich bei der Volkshochschule. Bald sollte ich dafür Verwendung finden, denn Anfang Oktober erwarteten wir unser erstes Enkelkind.

Mein Entschluss, für das Baby eine Wiege in Bauernmalkunst zu gestalten, stand fest. Für die künftigen Eltern wohl eine Überraschung. In einem Holzfachgeschäft erstand ich den Rohling für 500 DM. Nun ging es an die Arbeit. Da mir nur wenige Monate Zeit blieben, nutzte ich jede freie Minute zur Fertigstellung – immer hinter verschlossener Tür. Zunächst trug ich mehrmals die Grundfarbe auf, um danach in weißen Konturen verschiedene Muster von Blüten und Ranken aufzuzeichnen, bevor diese farblich ausgemalt werden konnten.

Gerade noch letzte Hand angelegt, das Wiegenbettchen für Tobias war fertig. Schnell Kissen und Zudecke besorgt und das Kunstwerk mitten ins Wohnzimmer der jungen Eltern gestellt! Ist die Überraschung gelungen? Sie gelang!

Damit die kleine Schlafstätte nicht ständig bewegt werden musste, hatte der frisch gebackene Großvater ein kunstvolles Untergestell geschmiedet. Die Wiege konnte so eingehängt werden.

Wenige Monate schlief Tobias in seiner gemütlichen Umgebung, bis es ihm zu eng wurde. Vier Jahre später lächelte sein Brüderchen Fabian uns daraus entgegen, bis auch er zu groß wurde. Heute steht die Wiege in meinem Zimmer. Ob sie vielleicht einmal von Urenkelkindern genutzt werden wird, bleibt abzuwarten.

Stille kehrte bei uns ein, als unsere Kinder, eins nach dem andern, Flügel bekamen. Leer empfanden wir die große Wohnung, sodass wir beschlossen, in der Stadtmitte eine kleinere zu mieten.

Manchmal erfasst mich Wehmut an mein zurückliegendes Grünkämmerchen, das Babystübchen, die Reporterkabine und die Kreativwerkstatt, an das kleine Paradies, das nur in einem Erker möglich geworden war.

Pub Talking

Die Einrichtung des Pubs schien aus dem vorigen Jahrhundert zu stammen. Massive Gebrauchsspuren demonstrierten für jedermann sichtbar, dass es schon vielen Generationen ein Ort der Zuflucht gewesen sein muss, ein Ort, von dem man wusste, wen man hier wann treffen werde oder für den man sich unspektakulär verabreden könne. Hier ließ sich anregend mit Gleichgesinnten plaudern, mit Freunden und Gegnern streitig argumentieren und bei wohlig vernebeltem Bewusstsein nach getaner Arbeit den Feierabend genießen.

Jack und Patti waren hier bestens bekannt. Sie stellten mich Bekannten und Freunden vor, und immer klang es so, als ob ein guter Bekannter für einige Zeit bei ihnen zu Besuch sei. Woher ich denn komme, war fast immer die erste Frage. Einige erklärten dann, ganz in der Nähe gegen eine deutsche Übermacht gefochten und nie verloren zu haben, und wollten dann wissen, wie es denn heute dort aussehe.

Hierauf wusste ich nie so recht zu antworten. Eigentlich müsste die Antwort lauten: so wie es heute dort aussehe – also dort, wo ich aufgewachsen war, auf dem Lande – sehe es so aus, wie es dort schon immer ausgesehen habe. Sichtbare Schäden, zerstörte Häuser, zerbombte Straßen oder Betriebsstätten hatte ich nach dem Kriege nirgendwo gesehen. Aber zu erklären, all ihr soldatischer Einsatz habe keine Spuren hinterlassen, in einer Region, in der britische Streitkräfte ihr Leben riskiert hatten, um ein mörderisches Regime in die Knie zu zwingen, das würde ihnen nicht gefallen, es könnte auf mangelnden Mut und fehlende Entschlossenheit des Siegers verweisen.

Und so berichtete ich lieber von der katastrophalen Versorgungslage und dem Problem der Unterbringung von Millionen von Flüchtlingen aus den deutschen Ostgebieten. Dann nickten sie zustimmend, schauten einander an, brachten sich die Luftaufnahmen total zerstörter Städte Deutschlands in Erinnerung und nicht selten ließ sich schrecklicher Stolz vermuten: Das soll uns erstmal einer nachmachen! Ich hatte aber auch nicht den Eindruck, sie erwarteten eine Schuld-Anerkennung bezüglich der Rolle der Deutschen im Zweiten Weltkrieg. Schließlich hatten sie ja zusammen mit ihren Verbündeten gesiegt und vergleichsweise wenig gelitten.

Überhaupt herrschte hier eine recht entspannte, unaufdringlich launige Atmosphäre. Sie alle schienen mit sich im Reinen, blickten sie doch auf eine ruhmreiche jahrhundertealte Vergangenheit zurück, die als solche im Schulunterricht prominent vermittelt wurde und in vielfach nachgestellten Schlachten auch unmittelbar erlebt werden konnte. Mit dieser Historie und entsprechend gepflegtem Bewusstsein konnte sich auch die typisch britische Eigenart des Understatements entwickeln, konnten Toleranz und Fairness gedacht und gelebt werden. Ich habe weder an diesem Abend noch bei weiteren Besuchen eine unangenehme, ernsthafte Auseinandersetzung erlebt.

Die Besucher schienen aus allen Gesellschaftsschichten dieser Region zu kommen: Wettergegerbte Gesichter, typisch für Leute, die sich viel außer Haus an der frischen Luft bewegten, und andere, deren vornehme Blässe und gepflegtes Äußere auf eine Angehörigkeit zur upper class schließen ließen.

Ein besonders lebhafter Wortwechsel war aus einer Sitzecke unweit der Theke zu vernehmen. Mal im Ton herausfordernd deutlich, mal versachlichend Ruhe anmahnend, dann verschwörend ein Geheimnis andeutend und immer wieder klarsprechend ihr Verhalten bestätigend. Wortfetzen, die ich vernahm und verstand, ließen erkennen, dass sich die Gesprächsteilnehmer über ein Börseninvestment unterhielten, und dieses schien über die Maßen geglückt. Ob und inwieweit sie persönlich davon profitiert hatten, war jedoch nicht auszumachen. Ich hatte eher den Eindruck, als ob sie sich ganz bewusst aus diesem Geldbeschaffungscoup herausreden wollten.

Aber Patti wusste es besser: „Joe, do you see that red head man over there?" Der war in der Tat nicht zu übersehen. Er saß inmitten dieser lebhaft diskutierenden Gruppe, deutlich übergewichtig, mit borstig rotblondem Kurzhaarschnitt, immergleicher heiterer Miene, nur gelegentlich das Wort ergreifend, und erinnerte so ein bisschen an den Philosophen und Religionsstifter Buddha. „Poorly educated, but richest man in town", raunte Patti. Was sollte ich darauf antworten? Dass der Intellekt nicht mit der Höhe des Einkommens korreliere, schien mir schon damals eine Binsenweisheit. Ich hob nur leicht die Schultern. Doch dann wurde klar, warum ihr dieser Mann besonders missfiel: „Jack left the London School of Economics with excellent grades, but is now busy in middle management of investment banking." In ihren Augen ein Ärgernis. Als Absolvent einer angesehenen Universität durfte man davon ausgehen, dass sich das Studium auch beruflich und gesellschaftlich auszahlte. Und Patti ließ keinen Zweifel daran, Jack habe sein Wirtschaftswissen an einer der renommiertesten Universitäten Englands erworben. Möglicherweise wurde ihr Mann ja durchaus bildungsgemäß und in erwartbarer Position beschäftigt – aber die plötzliche und direkte Konfrontation mit dem unverdient reich und glücklich gewordenen Redhead konnte sie nicht schweigend hinnehmen.

Jack hingegen schien gegen derartige Missgunst völlig immun zu sein. Er hatte sich in den Kreis dieser Gruppe begeben und besprach sich mit Redhead. Offensichtlich erklärte er ihm das Auf und Ab von Kursbewegungen: Seine rechte Hand deutete einen bestimmten Kurswert an, während seine Linke sich um dieses Niveau auf und ab bewegte. Bei aufsteigenden Ausschlägen folgte seine Rechte in kaum wahrnehmbaren Schrittweiten, bei fallenden verharrte sie auf zuvor erreichtem Niveau. Augenscheinlich demonstrierte Jack eine besonders gewinnversprechende Logik beim Handel von Aktien. Patti gefiel das nicht. Sie sah nur, dass ihr Mann das Vermögen dieses Nichtsnutzes noch einmal vermehrte. Ein Skandal!

Aber ihr Mann fühlte sich wohl, schien Spaß an seiner Rolle als Helfer und Erklärer zu haben. Überhaupt hatte ich den Eindruck, er habe auf diese Gelegenheit gewartet, könne jetzt mit Freunden und Vertrauten, mit Gegnern und Befürwortern diesen Tag noch einmal in Gemeinschaft erleben, Entscheidungen rechtfertigen, Niederlagen beklagen und übereinstimmend feststellen, was noch alles zu geschehen habe, um zu verhindern, dass ihr British Empire endgültig in die Bedeutungslosigkeit versinke.

Während Patti immer mal wieder zu ihrem Mann hinüberblickte, schaute der nicht einmal zu ihr. Er ging wohl davon aus, dass seine Frau hier nur Freunde habe, die allesamt gern ein Wort mit ihr wechselten, und außerdem sei ja auch Joe, ihr paying guest, bei ihr, dessen Anwesenheit ja zeige, dass sie durchaus nicht verlassen worden sei.

Ich staunte über die vielen kleinen Schälchen mit Nüssen, Oliven, Chips und ähnlichen Knabbereien, die den Gästen zum kostenlosen Verzehr angeboten wurden – und wie zurückhaltend davon Gebrauch gemacht wurde. Nach dem Genuss einer Pint-Hälfte meines light ale, einer englischen Biersorte mit wenig Alkohol, wurde ich mutiger, nahm mir ein wenig von dem ausgestellten Gebäck, eher salzig als süß, eigentlich nicht mein Fall, und stellte mir vor, was passieren würde, wenn in unserer Dorfkneipe ein entsprechendes Gratisangebot auf der Theke stünde. Ein absurder Vergleich! Nicht wirklich zum Schmunzeln. Ein durchaus repräsentativer Querschnitt der englischen Bevölkerung, verliebt in ihre ruhmreiche Historie, geübt im rücksichtsvollen Umgang miteinander, im Vergleich mit meinen durchweg ländlichen Kneipenbesuchern, denen die Schrecken des Zweiten Weltkrieges noch in den Knochen steckten, die noch nicht wirklich begriffen hatten, was und wie ihnen geschehen war, und sich einzig zu kümmern hatten, damit sie einigermaßen über die Runden kamen: Die Schälchen könnten gar nicht groß genug sein.

Kurz vor 23:00 Uhr ertönte eine Glocke und jemand verkündete „last order please!". Anders als ich es von Mitschülern gehört hatte, entstand kein hektischer Wettbewerb um die fristgerechte Platzierung von Alkoholika, deren Verzehr sie noch für diesen Abend geplant hatten. Diszipliniert wurden dem Barkeeper die Bestellungen zugerufen, von diesem gewissenhaft verzeichnet, routiniert zubereitet und dem Besteller zur Abholung bereitgestellt.

„Do you like another drink?" Ich wusste gar nicht wie zu antworten, damit sie erkannten, wie sehr mich ihre Gastfreundschaft und Großzügigkeit in Verlegenheit brachte. Außer einem „Oh no, I am happy", brachte ich nichts zustande. Aber sie hatten wohl auch nichts anderes erwartet und erklärten, dass man jetzt besser gehe, bevor sich die Gäste mit dem rechtzeitigen Konsum der zahlreich bereitgestellten Spirituosen beschäftigen würden.

Dankbar und glücklich lehnte ich im Polster des Jaguars und genoss die kurze Rückfahrt. Vor wenigen Tagen noch, durch das Vorhaben eines Schulkameraden herausgefordert, hatte ich einen Ferienaufenthalt in England gebucht, ohne besonderes Interesse, wohl nur deshalb, um seiner Großspurigkeit etwas entgegenzusetzen. Ob und wie es dort anders sein könnte als hier in Deutschland, in meiner Heimat, darüber hatte ich mir überhaupt keine Gedanken gemacht – wozu auch. Derartige Überlegungen hatten ja auch mit der eigentlichen Motivation meiner Reiseplanung nichts zu tun. Allein das Argument, dass dort Englisch gesprochen werde und mir dies doch zu besseren Schulnoten verhelfen könnte, besaß Gültigkeit und konnte überzeugen.

Und jetzt: Versetzt in eine Landschaft, welche einer romantischen Verfilmung italienischer Folklore entliehen sein könnte, bei Gastgebern, gutsituiert und großzügig, die der Meinung waren, sie müssten etwas wieder gutmachen, was sie mir angetan hatten, inmitten einer Gemeinschaft von Kneipenbesuchern, in der alle Gesellschaftsschichten dieses Landes vertreten schienen, in der eine lower class ihre Sorgen und Nöte beklagte und gleichzeitig von Vermögenden und Angehörigen einer upper class ein gelungener Börsencoup gefeiert wurde. Ich schloss die Augen, ... und in diese aufwallende Euphorie warnte unüberhörbar eine mahnende Stimme, wie unverdient mir dieses Glück zuteil geworden sei, niemals könne es von Dauer sein und wenn ich es nicht zügelte, würde die fällige Ernüchterung mich umso gravierender treffen. Mag sein, ich war nicht gewillt, von dieser Freude zu lassen, selbst wenn von morgen an Langeweile und Verdrossenheit drohten, hätte sich meine Englandreise schon jetzt gelohnt.

Die alte Scheune

In Gedanken versunken ging ich die schmale Dorfstraße entlang. Niemand war unterwegs. Die Bauernhäuser, dicht aneinander gereiht, waren noch immer so, wie ich sie in Erinnerung hatte. Hier und da war ein frischer Putz aufgetragen oder baulich einiges verändert worden. Dort, wo sich in früheren Jahren die Pferdewagen im Innenhof aneinander reihten, erkannte ich jetzt unzählige Pflanzenkübel mit bunten Blumen, die das gesamte Hofbild verschönerten.

Aus der Nähe hörte ich Kirchenglocken, die, seitdem ich mich erinnern kann, pünktlich um elf Uhr läuteten. Sie waren damals schon ein Hinweis für die Frauen, im Feld aufzubrechen, um nach Hause zu gehen und das Mittagessen vorzubereiten.

Ich ging unbewusst zu dem ehemaligen Brandweiher, der sich gegenüber meinem Elternhaus befand. Hier verbrachte ich im Sommer den größten Teil meiner Freizeit. Ich jagte den Fröschen und Kaulquappen hinterher. Im Winter wiederum diente uns Kindern der Weiher als Eisbahn.

Je länger ich umherging, um so mehr Erlebnisse fielen mir ein. Der Weiher war längst zugeschüttet und eine Trauerweide stand in der Mitte, an der sich jetzt eine Holzbank befand, die mich zum Verweilen einlud. Ich sah hinüber zu meinem Elternhaus. In Gedanken ging ich die Außenstufen hinab, in die Waschküche, in den Schuppen und die angrenzende große Scheune. Diese war auch oft der Spielplatz von uns Kindern.

Wie oft kletterte ich in der Scheune die Leitersprossen hinauf bis unter das Dach, wo die Eulen ihr Versteck hatten. Im oberen Teil der Scheune wurde das Heu gelagert. Hier war eine riesige Luke im Boden, durch die man mit einer Gabel die benötigte Tagesration Heu und Stroh für das Vieh hindurchwerfen konnte. War genug davon auf dem Tennenboden, sprangen wir mit lautem Geschrei hinterher.

Doch ein ganz besonderes Erlebnis aus der Scheune begleitete mich in Gedanken bis heute und wurde plötzlich wieder lebendig: Es waren wenige Tage vor Kriegsende, als in unserer Scheune russische Zwangsarbeiter zum Übernachten einquartiert wurden. Sie mussten ansässigen Bauern in der Landwirtschaft aushelfen. Sie hatten, so wurde gemunkelt, ein schweres Los zu ertragen. Unser Hof aber war zu klein, um die Arbeiter hier zu beschäftigen.

Meine Mutter, mein Bruder und ich wohnten allein im Haus, und so war es verständlich, dass Angst unser täglicher Begleiter war. Konnte man den Fremden trauen? Vorsorglich wurde abends das Schlafzimmer verschlossen und ein Stuhl zur Sicherheit unter den Türgriff gestellt.

Dass wir den Russen nichts zu essen geben durften, war uns bekannt. Meine Mutter hatte Mitleid mit den zum größten Teil jungen Männern. Sie wusste, dass sie oft hungrig von ihrem Arbeitseinsatz zurückkamen.

Die Sonne war schon lange untergegangen, als mich meine Mutter eines Tages in die Küche holte und mich eindringlich bat, niemandem von unserem Vorhaben zu erzählen. Auf dem Tisch stand ein Teller mit einem großen Eierpfannkuchen, darauf lagen etliche Scheiben Brot: „Bring es in die Scheune zu den Männern", flüsterte sie, „ich schaue zwischenzeitlich nach, dass niemand auf der Straße zu sehen ist."

Der richtige Augenblick war gekommen. Mutter stellte sich an die Hausecke, damit sie die Straße überblicken konnte. Sie gab mir nun ein Handzeichen, damit ich losgehen sollte. Voller Stolz, so eine wichtige Mission zu erfüllen, ging ich die vier Außenstufen hinab, hielt meinen Teller ganz fest in den Händen und eilte zur Scheune. Das große Tor war geschlossen. So musste ich die kleine Scheunentür mit dem Rücken aufstoßen, denn ich durfte mein kostbares Gut nicht fallen lassen.

Es war dämmrig in der Tenne. Die kleine Stalllampe warf nur spärliches Licht. Ich sah sechs Männer, nebeneinander auf Stroh und Heu an der Wand lehnend. Sie sahen erschöpft aus. Vermutlich kämpften sie gegen Hunger und Müdigkeit. Überrascht schauten sie zu mir auf, als ich mich ihnen näherte. Ich spürte die Aufmerksamkeit, ihr Staunen über meinen Besuch. Doch in mir kam weder Unbehagen noch Angst auf. Im Gegenteil, ich empfand sofort diesen besonderen Augenblick.

Gänzlich unbekümmert reichte ich dem Mann, der mir als der Älteste erschien und am äußeren Rand der Reihe saß, den schweren Teller. Er sah verwundert mit seinen dunklen Augen zu mir auf, dann wieder ungläubig zu dem dampfenden Teller. Lächelnd reichte er die Köstlichkeiten seinem Nachbarn. Dann beugte er sich vor. Mit seinen zerschundenen, schwieligen Händen strich er mir mit wehmütigem Gesichtsausdruck ganz behutsam über mein Haar.

Ich hörte seine warme Stimme. Zwar konnte ich nicht verstehen, was er sagte, aber es klang sehr freundlich. Freude und Stolz erfüllten mich. Am liebsten hätte ich mich dazugesetzt. Meine Mutter jedoch hatte mir schon vorher zu verstehen gegeben, dass ich sofort zurückkommen solle.

Auch die anderen Fremden reichten mir nun dankbar die Hand. Ich ging langsam und voller Freude zurück und winkte ihnen zu. Sechs lächelnde Augenpaare folgten mir.

Niemand war unterwegs, als ich, in Erinnerung versunken, die schmale Dorfstraße zurückging.

Die Zeit danach

Von einer Stunde zur anderen, mitten in der Nacht, wurden viele Familien im kalten Januar 1945 aus Breslau vertrieben, auch Mutter, meine Geschwister und ich gehörten dazu. Eine monatelange Odyssee lag hinter uns. Endlich, nach einem letzten, stundenlangen Fußmarsch erreichten wir unser Ziel. Bei unerträglicher Sommerhitze, hungrig und durstig, standen alle Flüchtlinge mitten im Ort, auf einer freien Seitenfläche der ungepflasterten Straße und warteten auf ihre Unterbringung. Der Bürgermeister musste nun die Neuankömmlinge, es waren circa einhundertfünfzig Personen, in die Bauernhöfe verteilen, denn die Einwohner in dem kleinen Dorf zählten auch nicht mehr.

Nach gefühlter Ewigkeit wurden unsere Familie und eine Frau mit zwei Töchtern dem Bauer Martin zugewiesen. Von der Bäuerin erhielten wir erst einmal etwas zu essen und zu trinken. Anschließend zeigte sie uns und der anderen Frau unsere gemeinsame Unterkunft: zwei kleine Zimmer. Das etwas größere mit Küchenzeile und zwei Betten überließ Mutter der Fremden mit ihren beiden Mädchen. Außerdem sollte dieser Raum für alle als Mittelpunkt dienen. In dem kleineren Zimmer, ausgestattet mit einem Doppelbett und einem Schrank, schliefen Mutter, Hilmar und ich. Mutter half dem Bauer auf dem Hof und im Kuhstall, denn sie war als Kind in einem Dorf aufgewachsen. Auch die Gartenarbeit mit der Bäuerin freute Mutter. So bekamen wir auch immer etwas zu essen.

Lange mussten wir nicht so beengt leben, denn schon nach einem knappen Jahr kehrte Vater vom Krieg zurück. Meinen Bruder Klaus, der ab Militsch, in der Nähe von Breslau, mit fremden Bauersleuten ebenfalls zu Fuß unterwegs gewesen war, fand

Mutter durch das Rote Kreuz. Trotz Verlust unserer fünf Monate alten Zwillinge, die während der Vertreibung starben, waren wir wieder eine Familie und alle gesund aus den Kriegswirren herausgekommen.

Da sich nun unsere Personenzahl erweitert hatte, erhielten wir die Wohnung im Parterre des Auszugshauses vom Großbauern Horn. Das war sozusagen das Haus für die ältere Generation, wenn der Nachfolger den Hof übernahm. Der größere Raum diente als Wohn- und gleichzeitig als Schlafzimmer der Eltern. Am Fußende der Feldbetten, die der Bauer von dem verwaisten, naheliegenden Flugplatz geholt hatte, stand der Tisch, an dem wir aßen und wir Kinder unsere Schulaufgaben machten. Zum Inventar gehörten noch ein Spind und ein Schrank für das Geschirr.

In der kleinen Stube nebenan stand rechts und links an der Wand je ein Bett. Den Platz dazwischen schmückte ein vom Vater gebasteltes Schränkchen. Aus bemalter Pappe und Tapetenleisten hatte er ein wahres Prachtstück mit den Maßen von etwa 40x40x120 cm gebaut. Zwei alte Holzstühle gehörten noch zur Ausstattung, auf die wir unsere Anziehsachen ablegten. In dem einen Bett schlief Klaus, weil er ein Jahr älter war als ich, und das andere Bett teilten wir uns, Hilmar und ich. Die Matratzen waren mit Stroh gefüllt. Jedes Jahr stopfte Mutter sie wieder neu. Auch die noch nicht reifen Birnen, welche die Bauernkinder für uns klauten, sind in diesen Strohsäcken nachgereift.

Ein gekachelter Herd nahm in der Küche den größten Platz ein. Mutter zauberte auf ihm schmackhaftes, wundervolles Essen. Eine Wasser- und Abwasserleitung gab es nicht, wir holten das Wasser von einem Brunnen, der mitten im Hof stand. Wir Kinder hatten besonderen Spaß, eine Wasserschlacht zu veranstalten. Zum Verbrauch standen immer zwei gefüllte Wassereimer in der Küche, aus der wir mit einer Kelle, wenn wir durstig waren, das köstliche klare Wasser schöpften.

Den grünen Kachelofen im großen Zimmer liebten wir Kinder ganz besonders. Im Winter kletterten wir obenauf, wärmten uns und manchmal diente er sogar als Versteck. Die Bank davor besetzte meistens Mutter, denn die wohlige Wärme tat ihrem geplagten Rücken sehr gut. Zwischen Wand und Ofen trocknete das Holz, welches wir im Laufe des Sommers von der Dübener Heide eingesammelt hatten. Vor unserem Haus stapelte der Bauer sein gehacktes Holz kreisförmig. Wir konnten das gegenüber liegende Haus nicht sehen, so hoch war der Stapel. Der Bauer gestattete meinen Eltern auch, davon zu nehmen, aber er wollte es nicht sehen, wenn wir uns ein paar Holzscheite holten.

Um zu sparen, wurde vom Stromanbieter für eine gewisse Zeit abends die Elektrizität abgeschaltet. Diese Dunkelstunde nutzten meine Brüder und ich, um Verstecken zu spielen. Wir krochen lautlos auf den Fußboden von einer Ecke in die andere, natürlich unter die Betten und unter den Tisch. Viel Platz hatten wir ja nicht, jeder kannte schon recht bald die Verstecke des anderen und trotzdem wurde diese dunkle „Sparstunde" unsere schönste „Spielstunde". Auch saßen wir nur ganz ruhig bei Mutter, beobachteten, wenn sie Holz in die Glut legte und das Feuer in großen Flammen aufloderte. Dabei erzählten wir Geschichten oder sangen gemeinsam die gelernten Volkslieder.

Während der Getreideernte nutzten wir Zugereisten die Gelegenheit, etwas für den Eigenbedarf zu ergattern. Nachdem das Feld abgeerntet war, durften wir auf dem Stoppelfeld die abgebrochenen Ähren auflesen. Diese wurden von unserem Bauer gedroschen. Mit dem Handwagen zogen wir vier Kilometer zum Müller, der die Körner zu Mehl mahlte. Zum Schluss fuhren wir erneut vier Kilometer, aber in die andere Richtung zum Bäcker, lieferten ihm einen Teil des Mehls, damit wir Brot bekamen, und er verlangte dafür nur das Backgeld. So hatten wir wieder ordentlich Geld gespart.

Im Herbst halfen die Flüchtlingsfrauen beim Großbauern die Kartoffeln aus der Erde zu buddeln. Für ihre Arbeit erhielt jede Person pro Tag zwei volle Körbe des kostbaren Nahrungsmittels. Die Flüchtlingskinder halfen ihren Müttern, die Kartoffeln aufzulesen, trugen die Körbe zum Wagen, die der Bauer dann ausschüttete. Natürlich gab es auch viel zu sehen. Die Mäuschen wurden durch die Kartoffelschleuder in der Erde gestört und kamen nach oben, auch die Frösche hopsten in den Kartoffelreihen. Sie wurden begutachtet, denn so nah bekam man sie nie zu sehen. Auf den abgeernteten Feldern suchten meine Brüder mit einer Hacke nach Kartoffeln oder Reste davon. Diese bekamen dann unsere Kaninchen.

Oft war ich bei einer Schulfreundin und half im Hof mit. Da wurde der Ziegenstall ausgemistet, den Hühnern Körner gefüttert, mit dem Hund gespielt. Wenn bei dem Bauer die Kartoffelernte losging, durfte ich auch mittags und abends einen Korb voll mit nach Hause nehmen. Da mir es zu schwer war, nahm ich unseren Kinderwagen und fuhr so die Kartoffeln nach Hause.

Im Winter fanden bei den Bauern die Hausschlachtungen statt. Die Schweine wurden im Jahr über fett gefüttert und mussten dann abgeliefert werden. Natürlich brauchten die Bauern für sich und ihre Bediensteten auch Fleisch zum Essen. Also fütterten sie noch extra Schweine für den Wintervorrat. Da kam ein Fleischer bzw. ein Schlachter in das Haus. Es wurde Fleisch gepökelt, Speck und Wurst geräuchert. Auch wurden Würste im Kessel gekocht. Welcher Bauer an welchem Tag schlachtete, sprach sich schnell bei uns Flüchtlingen herum. Mutter schickte uns dann mit einem Topf zum jeweiligen Bauern, um Wurstsuppe zu ergattern. Beim Erhitzen im kochenden Wasser zerplatzten immer einige Würste, die dann wie eine Suppeneinlage in der Brühe schwammen. Wenn davon etwas beim Schöpfen in unseren Topf wanderte, freuten wir uns sehr auf diesen Festschmaus.

Während der Schlachtung bei unserem Bauer stellte Klaus sich einmal auf das Fensterbrett und sah gegenüber im Hof das betäubte Schwein in einem Trog liegen. Damit die Borsten sich besser abschaben ließen, wurde es zuerst mit heißem Wasser abgebrüht. Plötzlich! Das Tier zappelte und fiel aus dem Trog auf die Erde. Mein Bruder erschrak so heftig, dass er vom Fensterbrett mitten in die Stube auf den Boden fiel. Es dauerte eine ganze Weile, bis er sich von dem Schreck erholt hatte. Sein Hinfallen war nicht so schlimm, aber das arme Schwein bedauerte er sehr.

Unser einfaches Leben im Auszugshaus hat uns als Familie stark zusammengeschweißt. Wir Kinder vermissten nichts, auch wenn wir oft hungrig waren. Mutter hatte uns immer Kind sein lassen.

Wir durften auf der Dorfstraße spielen, auf Bäume klettern, Fische fangen und vieles mehr. So erholten wir uns von den Strapazen des Krieges.

Die erschwindelte Glückseligkeit

Ach, wie wäre es schön, diesen himmlischen Raum einmal ganz für sich zu haben.

Allein mit all den Schätzen, die sich hier in diesem Raum befanden. Sich wie die alleinige Herrscherin über diesen Zauber zu fühlen, der für mich von diesem Puppenparadies ausging.

Dieser Raum ist in meiner Erinnerung sehr hoch und groß. Durch die großen Fenster konnte man den Himmel und die Sonne sehen. Der Kastanienbaum vor den Fenstern winkte uns Kindern freundlich zu.

In dem Raum saßen rechts und links an der Wand die allerschönsten Puppen mit solch schönen Kleidern. Es gab Babypuppen, die einfach allerliebst aussahen, wie sie da in ihren kleinen Puppenbettchen lagen und darauf warteten, dass man sie in den Arm nahm. Die Puppengesichter strahlten einen mit ihren rosigen Wangen an und es erschien mir so, als wenn sie sagen würden: „Bitte, nimm mich in den Arm und spiele mit mir!" Beim Anblick der so wundervoll eingerichteten Puppenhäuser wartete ich förmlich darauf, dass eine nette Dame mit weißer Spitzenschürze kam und sagte: „Möchtest du einen Kakao?". Der Kaufladen war ebenfalls mit allem, was das Herz begehrt, bestückt. „Bitte ein Pfund Mehl, ein Pfund Zucker und eine kleine Tüte von diesen bunten Bonbons." Auf mich, das fünfjährige Mädchen, wirkte dies alles traumhaft und ich dachte, so muss es im Paradies sein.

Aber immer, wenn der große Schlüssel in das Türschloss der doppelflügeligen Holztür gesteckt wurde, hieß es: Alle haben Zutritt, alle dürfen in diesen Raum und auch alles anfassen. Unter Aufsicht selbstverständlich. Ich staunte jedes Mal aufs neue über diese Vielfalt und Schönheit, so dass mir nie viel Zeit blieb, diese Pracht auch anzufassen.

In einer Ecke des Raumes lagerten mehrere Matratzen und Wolldecken.

Diese waren für die Kinder gedacht, die zu der damaligen Zeit bereits ganztags in den Kindergarten gingen und dort ihren Mittagsschlaf hielten. Sollte es während der regulären Kindergartenzeit einem Kind nicht so gut gehen, weil es zum Beispiel Bauchschmerzen hatte, so durfte man dann auch in den Raum.

Das brachte mich auf eine Idee.

Ich werde einfach meiner Kindergartentante Doris (so nannte man die Erzieherinnen damals noch) sagen, dass ich mich nicht gut fühle und ich mich ausruhen müsse. Tante Doris war eine ganz liebevolle blonde Frau. Ich mochte sie sehr gerne und habe mich gescheut, sie anzuschwindeln. Aber die Sehnsucht, dieses Traumzimmer einmal nur für mich haben zu dürfen, war übermächtig. Ich fasste mir ein Herz, ging zu Tante Doris, erklärte ihr, dass ich mich nicht so wohl fühle und erschwindelte mir so den Zutritt zum Puppenparadies.

Tante Doris nahm mich an der Hand und führte mich durch diese Holztür, legte mich auf eine der Matratzen auf den Boden und deckte mich mit einer kratzigen Wolldecke zu. Die Tür wurde verschlossen, damit keine anderen Kinder zu Besuch kommen konnten. Wenn ich mich besser fühle, dann könne ich klopfen, man würde mir wieder öffnen.

Geschafft. Ich war ganz allein in diesem himmlischen Raum. Aber ich empfand ihn jetzt gar nicht mehr traumhaft und in meinem Bauch fing es an zu rumoren.

Die Holzläden waren geschlossen. Durch die Ritzen fiel leicht das Sonnenlicht. Vor dem Fenster spielte der Wind mit den Blättern des Kastanienbaumes und warf bedrohliche Schatten in den Raum. Es war mir sehr unheimlich und außerdem drückte mich mein schlechtes Gewissen.

Da lag ich nun auf der Matratze mit der kratzigen Wolldecke, sah die Puppen links und rechts an der Wand ganz in meiner Nähe und doch so weit entfernt.

Ganz leise stand ich auf, traute mich, eine der Babypuppen anzufassen und zu streicheln. Gleichzeitig bekam ich fürchterliche Angst, erwischt zu werden. Schließlich hatte ich mir den Zutritt ja erschwindelt. Die Puppe musste also am Besten sofort wieder an ihren Platz.

Ich legte mich wieder auf die Matratze, wartete ein paar Minuten, stand auf und klopfte zaghaft an der Tür, damit man mich wieder befreite.

Ja, ich empfand das dann schon wie eine Befreiung. Ich war nicht dabei erwischt worden, dass ich mir den Zugang erschwindelt hatte, und ich durfte aus diesem Raum mit den unheimlichen Schatten wieder in die Gemeinschaft.

Ab diesem Tag hatte das Puppenparadies viel von seiner Faszination verloren und ich erkannte, dass erschwindeltes Glück nicht glückselig macht.

Kein Bett für Uschi – oder die Tür bleibt zu

Zwei Betten in einem Zimmer im ersten Stock eines alten Land-gasthofes. Der Raum war so schmal, dass die Holzgestelle mit dem Fußteil gegenüber unter den zwei kleinen Holzfenstern standen. Die Zudecken und Kopfkissen waren dick gefüllt mit alten Daunen und wohl so schwer, wie sie aussahen. In dem Raum gab es ein Waschbecken, die Toiletten und eine Dusche befanden sich auf dem Flur. Die Zimmer der Freunde zeigten den gleichen Standard – so wie es zu dieser Zeit eben die Regel war. Für Uschi, mich und alle anderen war das so vollkommen in Ordnung. Wir waren mit unserer Clique – bestehend aus zehn Personen - im Spätsommer 1973 in Alzenau in Unterfranken, an der Grenze zu Hessen gelegen, angekommen und wollten hier gemeinsam ein fröhliches und ausgelassenes Wochenende ver-bringen.

Gegen Samstag Mittag sind wir angereist und haben unsere Zimmer bezogen. Bestens gelaunt, ausgelassen und neugierig auf das, was das Wochenende für uns bereit halten würde, zogen wir los, um die Ortschaft, die Sehenswürdigkeiten und – ganz beson-ders wichtig - auch die Gasthäuser zu erkunden. Das Wetter spielte mit, die Sonne lachte vom Himmel und freute sich über diese ausgelassenen Menschen, die hier feixend und herumal-bernd unterwegs waren.

Nach einem guten Mittagsmahl als Grundlage schmeckten der Wein und auch der Schnaps mit jedem Glas besser. Während der Stadtbesichtigung wurde in dem einen oder anderen Gartenlokal Rast eingelegt und immer wieder ein Anlass zur Ausbringung ei-nes Trinkspruches gefunden, egal wie aberwitzig und schräg die-se Anlässe und Sprüche auch waren.

Zu weit fortgeschrittener Stunde und nach den Mengen ungewohnten Alkohols in Verbindung mit Zigarettenrauch war ich plötzlich am Ende meiner Kräfte. Ich wollte einfach nur noch ins Bett, die Augen schließen und Ruhe haben. Ich kann mich erinnern, dass die Clique mich überreden wollte, doch noch an einem Zug durch diverse Kneipen teilzunehmen. Uschi ermahnte: „Sperr bitte die Zimmertür nicht ab, damit ich dann auch ins Bett kann." „Na klar, das mache ich", versprach ich mit dem Brustton der Überzeugung. Ich wollte mich ja nur mal hinlegen und ausruhen. Gerhard aus der Clique, der mich bereits während des gesamten Tages immer wieder mit Neckereien aufgezogen hatte, brachte mich in den ersten Stock zu meinem Zimmer und versprach mir, dass er später noch vorbei komme, um mich zuzudecken. „Na das fehlt mir ja gerade noch", dachte ich.

Also Tür abgeschlossen, die kleinen Fenster dafür sperrangelweit geöffnet. Ich überzeugte mich, dass von außen keiner einsteigen könne, und Luft braucht man ja auch. Ich legte mich unter die schwere Zudecke, die mich fast erschlug, und ließ mein linkes Bein aus dem Bett hängen, damit dieses nicht Karussell mit mir fahren konnte. Wenn Uschi kommt, werde ich das auf alle Fälle hören, war mein letzter Gedanke, bevor ich tief und fest in einen nahezu komatösen Schlaf fiel.

Irgendwann in der Nacht war es mir, als hörte ich meinen Namen rufen. „Bruni, Bruni", mal ganz gedämpft und dann wieder mit einer gewissen Aufgeregtheit und verhaltenem Zorn, so schien es mir. War da auch ein Klopfen an der Tür? Bestimmt Gerhard. Ich war nicht in der Lage zu reagieren. „Lasst mich doch bitte in Ruhe", dachte ich mir und schlief weiter.

Am frühen Morgen, die Sonne schien bereits auf mein Bett und kribbelte mich an der Nase, musste ich zur Toilette. Ich wollte das schwere Federbett zurückschlagen. Aber was war das denn? Die Zudecke war noch schwerer als vorher. Zahllose sandige Kieselsteine, groß und klein, lagen auf meinem Federbett. Das konnte ich im Moment erst gar nicht begreifen. Warum liegen hier Kieselsteine? Ich schaute zu Uschis Bett. Das Bett war leer, noch nicht mal benutzt! Ich erschrak. Was war in der vergangenen Nacht geschehen? Es stellten sich nur bruchstückhafte Erinnerungen ein. Da waren die nächtlichen Rufe meines Namens. Hatten diese etwas mit den Kieselsteinen zu tun? Mein Schädel, in dem ein Hubschrauber rotierte, versuchte in aller Eile eine Erklärung für diese Kieselsteine und das nicht genutzte Bett von Uschi zu finden. Ach du meine Güte! Das darf doch nicht wahr sein! Mir fiel augenblicklich mein Versprechen an Uschi ein, die Tür zu öffnen, wenn sie ins Bett kommen möchte. Ach du Schande! Das Rufen in der Nacht, das war die Clique und nicht irgendwelche Fans, die wollten, dass ich ans Fenster komme! Die Kieselsteine haben sie durch das Fenster geworfen in der Hoffnung mich wach zu bekommen. Nur gut, dass meine benebelte Birne nicht unter dem offenen Fenster lag. Aber selbst das hätte ich wohl kaum wahrgenommen.

Rasch öffnete ich die Tür und: Oh Schreck!! Vor mir stand eine vollkommen übernächtigte Uschi. „Gott sei Dank geht es dir gut", sagte sie zu mir. „Ich hab mir schon Sorgen gemacht, weil du dich nicht gerührt hast. Auch auf mein Klopfen kam kein Zeichen von dir. Ich bin hier auf zwei Stühlen im Flur immer mal wieder eingenickt. Ins Bett konnte ich ja nicht. Du hast überhaupt keine Reaktion von dir gegeben." In meinem Kopf drehte sich alles. Uschi hatte sich um mein Wohl gesorgt, obwohl sie sich selbst in solch einer fatalen Lage befand.

Ich schämte mich in Grund und Boden. Das war wirklich ausgesprochen blamabel für mich. Aber Gott sei Dank war Uschi mir nicht böse, dass sie in dieser Nacht vor der verschlossenen Tür stand und kein Bett hatte.

Schlaflos in Orinda

Eine ganze Weile dauert es, bis ich wage, die Augen zu öffnen, denn ich will, dass das, was ich wahrnehme, sich im Traum abspielt und nicht Wirklichkeit ist. Aber ich bin wach, hellwach mit all meinen Sinnen – ich spüre die nackte Angst im Nacken, Gänsehaut auf den Armen, kalter Schweiß bricht aus. Und da ist es schon wieder, dieses Geräusch, das mich geweckt hat, scharrend, knarrend oder tretend, als ob jemand die Treppe auf dem weichen Teppichboden herauf stapft, stapft und stapft und müsste längst oben angekommen sein bei den wenigen Stufen vom Parterre zum ersten Stockwerk. Ich wage es kaum, mich zu bewegen, hebe nur vorsichtig den Kopf und sehe in diesem Moment nur wenige Meter entfernt, dass Elisabeth, von der ich meine, dass sie fest schläft, sich ganz langsam aufrichtet. Es ist so dunkel, ich kann nur ihre Umrisse erkennen. Dann flüstert sie: „Hast du das auch gehört?" Ihre Worte steigern meine Panik, denn sie bestätigen mir: Ich spinne nicht. Neben der offen stehenden Tür wirft ein winziges Lämpchen mehr Schatten als Licht in den langen Gang, von dem rechts die zwei Kinderzimmer, das elterliche Schlafzimmer und die zwei Bäder abzweigen. Links begrenzt ein Geländer den langen Flur, von dem aus man hinunter ins Erdgeschoss blicken kann und das an der Treppe, die unserem Gästezimmer direkt gegenüber liegt, endet. Wir verständigen uns mit Zeichensprache, trauen uns nicht, einen Lichtschalter zu betätigen, kriechen bis zur Tür, spähen hinaus. Ich versuche im Halbdunkel etwas zu erkennen. Der Gedanke, dass jemand im Erdgeschoss herum schleicht und schon auf dem Weg in den ersten Stock ist, treibt mich fast in den Wahnsinn. Was ist, wenn er sich schon oben in einem der Kinderzimmer befindet? Drei kleine Mädchen, die die Eltern uns anvertraut haben, schliefen friedlich, als wir um Mitternacht in unser Zimmer gegangen sind. Jetzt ist es nach fünf Uhr morgens und noch stockdunkel draußen, das können wir durch die Fenster sehen, denn die verdecken weder Vorhänge noch Rollläden. Meine Gedanken rasen: Wo ist das nächste Telefon? Im Elternschlafzimmer! Wir sind gelähmt, können dieses Zimmer nicht verlassen, suchend schauen wir uns um. Ein Stock oder ein schwerer Gegenstand wäre hilfreich. Dieses Haus ist von Wald umgeben, aber bisher hat es uns nicht interessiert, wie weit es zum nächsten Nachbarn ist. Ich schleiche zu einem der Fenster, sehe durch das verbliebene Laub der Bäume hindurch in weiter Ferne einen matten Lichtstrahl. Hätten wir nur ein Telefon bei uns und wüssten wir, wie die Leute dort drüben heißen..., aber wozu brauchen wir die Nachbarn, wir würden gleich die Polizei rufen, wenn wir könnten! Die Geräusche, mal ganz leise, dann wieder, als würden sie auf der obersten Stufe der Treppe verursacht, zwischendrin auch totale Stille, machen uns kopflos.

Elisabeth holt aus einem der Wandschränke Golf- und Base-ball-Schläger. Damit ausgerüstet hocken wir uns an den Türrahmen, halten Wache, beobachten im Halbdunkel Treppe und Gang, und ich wünsche mir, dass das winzige Lämpchen, das den Kindern nachts den Weg zur Toilette erhellen soll, etwas kräftiger wäre. – Ganz allmählich kann ich wieder klare Gedanken fassen, sodass ich versuche, diese sich immer wiederholenden Geräusche zu ergründen. Im ganzen Haus und auch auf der Treppe schluckt ein flauschiger Teppichboden jeden Schritt, also sind das keine Schritte, die wir hören. Dann muss es das Herausziehen von Schubläden oder Schranktüren sein, die geöffnet oder geschlossen werden. Jetzt spüre ich erst, wie kalt es ist, ziehe Socken an, hole mir eine Decke und frage mich, wie wir in diese Situation gekommen sind.

Wir befanden uns im Haus von Pat und Donald Anderson in Orinda, einer kleinen Stadt nahe San Francisco. Vor über einer Woche endete unser Haushaltsjahr in Süd-Kalifornien. Schon Wochen zuvor hatte Pat Anderson bei Elisabeth nachgefragt, ob wir bereit seien, für einige Zeit ihre drei kleinen Töchter zu betreuen und das Haus zu hüten, sie plane mit ihrem Mann einen kinderfreien Urlaub. Wir nahmen das Angebot gerne an, zumal noch nicht entschieden war, wohin unsere nächste große Reise gehen sollte. So fuhren wir an einem sonnigen Sonntagmorgen, Mitte Oktober 1961, von Los Angeles mit der Eisenbahn nach San Francisco, wo wir abends ankamen und abgeholt wurden. Am nächsten Morgen reiste das Ehepaar ab. Den drei süßen Mädchen waren wir nicht fremd, denn die Familie Anderson war bis vor einem halben Jahr Elisabeths Gastfamilie in Süd-Kalifornien, bis sie aus beruflichen Gründen in den Norden ziehen musste. Elisabeth wollte damals nicht mit umziehen und suchte sich eine andere Stelle. Nun waren wir schon eine Woche hier und alles war glatt verlaufen. Eine Bekannte von Mrs. Anderson versorgte uns mit Lebensmitteln oder fuhr uns in den nächsten Supermarkt zum Einkaufen.

Während mir all das durch den Kopf geht, wundere ich mich, wieso ich in dieser brenzligen Lage über so banale Dinge nachdenken kann. Dann weiß ich warum!

Die Geräusche sind verstummt! Alles ist ruhig im Haus. Ich blinzele hinüber zu Elisabeth, sie flüstert: „Sie sind weg!" Ich nicke und hole tief Luft, schaue mich um. Ich kann nun alles klar erkennen. Es wird hell! Schlagartig ändert sich unsere Lage. Ein neuer Tag bricht an, die Gefahr ist vorüber! Gerade wollen wir zu den Kindern gehen, dann im Erdgeschoss nachsehen, ob eine der Türen aufgebrochen, Schrankfächer und Schubläden durchwühlt sind, als die scharrenden Geräusche erneut einsetzen und wieder ganz nahe im oberen Bereich der Treppe und im Parterre. Es ist jetzt taghell und da ist niemand!

Nun will ich nur noch wissen, welcher Störenfried uns die halbe Nacht auf Trapp gehalten hat. Ich gehe zur obersten Stufe der Treppe und da scharrt es wieder und wieder – von draußen! Ich rufe Elisabeth zu, die in einem der Kinderzimmer verschwunden ist, wir ziehen uns Jacken über und öffnen die Haupteingangstür – es ist eiskalt und sehr windig – treten hinaus: Nun knarrt und scharrt es neben und über uns. Wir schauen am Haus empor und ein einziger Blick löst das Rätsel: Zu beiden Seiten der Haustür wachsen zwei hohe Zypressen, die über das Dach hinausreichen, und sie schwanken im Wind hin und her, streifen dabei ständig die Dachrinne, das Regenabflussrohr und die Hauswand. Hätten wir uns das nicht denken können, nachdem die Geräusche ja fast immer die gleichen gewesen sind und das über eine lange Zeit! Die Panik jedoch hat solche Überlegungen nicht zugelassen.

Wann immer ich vor einer dieser schlanken, hochgewachsenen Zypressen stehe, bewundernd an ihr empor schaue, muss ich eher schmunzeln über mein kopfloses Verhalten in jenem Haus, wohl wissend, dass in ähnlicher Situation heute – nach so vielen Jahren – meine Reaktion noch die gleiche wäre wie damals in der schlaflosen Nacht in Orinda.

Balkon zum Hinterhof

Er war schlicht konstruiert und sah so aus wie die meisten Balkone von Mietshäusern, die Anfang des vergangenen Jahrhunderts erbaut worden waren. Eine Fläche von nur etwa fünf Quadratmetern, grauer Betonboden, ein schmiedeeisernes Gitter an zwei Seiten. Der kleine Eckbalkon in meiner Heimatstadt Hagen war nicht besonders ansehnlich, aber zweckmäßig. Vor der einen Wand aus unverputzten Mauersteinen standen Besen, Putzeimer und im Sommer die Zinkwanne, in der wöchentlich gebadet wurde, denn Badezimmer gab es in den alten Häusern nicht.

Für mich als Kleinkind war der Balkon ein kleines Paradies und in den Sommermonaten mein liebster Spielplatz. Hier saß ich auf einem Fußschemel, spielte mit meinem Stoffhund, beobachtete die Katze vom Nachbarhaus oder die Hühner in ihrem Gehege.

Durch die geöffnete Balkontür hörte ich das Rattern der Nähmaschine und hinter dem Fenster neben der Tür war der gebeugte Lockenkopf meiner Mutter zu sehen. Sie war Schneiderin und saß täglich mehrere Stunden über ihren Näharbeiten. Im Türrahmen hing gewöhnlich eine braune klebrige Papierspirale, um die Fliegen aus dem Hühnerstall im Hof abzuwehren.

Wenn ich mein Gesicht nahe an die Gitterstäbe auf der einen Seite drückte, konnte ich unten im Hof die glänzende Teppichstange sehen, an der die Mieter unseres Hauses ihre Teppiche ausklopften und an der ich gerne an den Armen hängend hin und her schwang. Als ich etwas größer und im Turnverein war, gelang es mir, sie auch mit den Kniekehlen zu umfassen und kopfüber eine umgekehrte Welt zu bestaunen.

Ich erinnere mich daran, dass mein Vater, der damals noch

rauchte, in den Nachkriegsjahren auf dem Balkon Tabakpflanzen zog und sie, als sie groß genug waren, an einer Schnur zum Trocknen aufhängte. Mit den trockenen Tabakblättern stopfte er dann seine Pfeife oder rollte sich Zigaretten.

In der Vorweihnachtszeit brachte mein Vater einmal eine lebende Ente mit, die er von einem Kollegen für eine Gefälligkeit geschenkt bekommen hatte. Sie trug ein schwarz-grünlich schimmerndes Gefieder mit weißem Latz an Hals und Brust und verbrachte ein paar Tage in einer Bretterkiste auf dem Balkon. Ich vergaß, wofür sie bestimmt war und fütterte sie mit allem, was ihr schmeckte, bis ihr kurz vor Weihnachten von meinem Vater der Kopf abgeschlagen wurde. Mutter servierte dann Heiligabend einen knusprigen, lecker riechenden Entenbraten, doch ich konnte keinen Bissen davon hinunter bekommen.

Im Hof stand auch ein kleines altes Fachwerkhaus, in dem eine Witwe mit ihrem Sohn lebte; sie waren die Besitzer des Hühnerstalls. Ich beobachtete häufig, wie Frau Zeppenfeld die Stalltür öffnete, um die gackernden Hennen und den einzigen farbenprächtigen Hahn zu füttern. Danach ging sie in den Verschlag und kehrte mit frisch gelegten Eiern, die sie in ihrer gerafften Schürze trug, wieder zurück. Einmal, als Frau Zeppenfeld das Haus mit ihrer Einkaufstasche verlassen hatte, sagte ich zu meiner Mutter: „Ich geh' ein bisschen spielen im Hof." Um an den Beutel mit dem Hühnerfutter zu gelangen, musste ich mir einen Stuhl holen, der neben der Eingangstür des kleinen Hauses stand. Ich nahm eine Handvoll Körner heraus, drehte den hölzernen Bolzen der Stalltür und betrat den Hühnerhof. Besonders die kleinen wolligen Küken hatten es mir angetan. Mit „Tuuk, tuk, tuk, tuuk" lockte ich sie herbei und freute mich, wenn einige Mutige mir die Körner aus der Hand pickten. Doch plötzlich ein wütendes schrilles Krächzen und heftiges Flügelflattern und ehe ich wusste, was geschah, saß der Hahn auf meinem Kopf. Seine spitzen Krallen bohrten sich in meine Kopfhaut und sein Schnabel schimpfte und zupfte an meinen langen Zöpfen. Wild mit den Armen fuchtelnd gelang es mir, den Hahn von meinem Kopf zu scheuchen, ich rannte durch die angelehnte Stalltür und schlug sie schnell hinter mir zu.

Meine Mutter erschien auf dem Balkon und wollte wissen, was los sei. Das Herz pochte mir im Hals, aber mit unschuldiger Miene gab ich zur Antwort: „Der Hahn hatte nur einen kleinen Streit mit einer Henne!"

Als ich ein Schulkind war, kauften meine Eltern einen Liegestuhl, in dem ich nachmittags gern saß und las, denn ich war schon immer ein gefräßiger Bücherwurm. Bei diesem Tun überraschten mich hin und wieder Klaviertöne, denen ich einfach lauschen musste – mal temperamentvoll jazzig, mal klassisch gefühlvoll. Sie kamen aus einem Haus in der Seitenstraße, aus einer offenen Balkontür schräg gegenüber. Dort mussten neue Mieter eingezogen sein. Jedes Mal, wenn die Musik verstummte, erschien auf dem Balkon ein hoch gewachsener Junge mit einem blonden Haarschopf, der sich ausgiebig räkelte.

„Er sieht nett aus und spielt so schön", dachte ich bewundernd, auch ein wenig neidvoll.

Eines Tages kaufte ich ein paar Lebensmittel in dem kleinen Laden an der Ecke ein, wo die Ware noch gewogen und in Papiertüten verpackt wurde. Ich stand vor der Ladentheke und verstaute Zucker, Brot und Käse in einen Beutel.

„Möchtest du sonst noch etwas, Sylta?", fragte mich die Besitzerin.

„Ja, ich hätte gern noch 100 Gramm von den weichen Karamellbonbons."

Da sagte eine mir fremde Jungenstimme hinter mir: „Die mag ich auch sehr gern!", und als ich mich umdrehte, blickte ich in die Augen des blonden Klavierspielers. Verwirrt und sprachlos fiel mir nichts anderes ein, als ihm die Tüte mit den Bonbons hinzuhalten.

„Danke, ich bin der Hartmut. Ich habe dich schon ein paar Mal auf dem Balkon gesehen, Sylvia."

„Ich heiße nicht Sylvia, sondern Sylta."

„Sylta? Ein schöner Name, den habe ich noch nie gehört." Ich war erleichtert, denn nun hatte ich ein Gesprächsthema. Ich erzählte ihm, dass mein Vater auf der Insel Sylt geboren und aufgewachsen sei und ich die Taufe in Keitum erhielt, wo auch ein etwas älteres Mädchen mit dem gleichen Name lebe. Ihr Vater sei Schwede und der Name wahrscheinlich dänisch oder schwedisch.

Als wir den Laden verließen, bemerkte ich, dass Hartmut leicht hinkte und an einem Fuß einen komischen Schuh trug.

„Seit wann wohnst du in der Buscheystraße?", fragte ich ihn.

„Vor zwei Monaten sind meine Mutter und ich hierher gezogen. Wir haben vorher in Arnsberg gewohnt."

Sein Gesicht war ernst geworden und seine hellen Augen verdunkelten sich, so dass ich nicht weiter fragte.

Ich war zwölf Jahre alt und Hartmut löste in mir bisher nie empfundene Gefühle aus. Jedes Mal, wenn ich ihm begegnete oder ihn nur von weitem erblickte, empfand ich ein eigenartiges Bauchgrimmen und mein Herz klopfte wie verrückt. Über unsere Balkone bildeten wir eine Art „Stille Post", wir kommunizierten über eine Entfernung von vielleicht siebzig Metern lautlos miteinander – mit Mimik und Gesten.

Manchmal traf es sich, dass wir morgens ein Stück Schulweg gemeinsam gingen, wobei ich dem Zufall ein wenig nachhalf. Hartmut war einige Jahre älter als ich und besuchte das Jungengymnasium in der Stadtmitte.

Mein Schulweg war bedeutend länger, denn meine Schule befand sich in Oberhagen, so dass ich gewöhnlich mit dem Fahrrad zur Schule fuhr. Ich richtete es so ein, dass ich an der Stelle auf

Hartmut stieß, wo die Buscheystraße einen ziemlich steilen, lang gezogenen Berg hinaufstieg. Mein Fahrrad hatte nur drei Gänge und so war es nur natürlich, dass ich abstieg und das Rad schob. Er freute sich über meine Gesellschaft, stellte mir viele Fragen und erzählte auch von sich. So erfuhr ich von dem tragischen Ereignis in seinem Leben, das mich noch enger an ihn band.

Vor etwa zwei Jahren fuhr sein Vater im Auto mit ihm und seiner kleinen Schwester auf einer kurvigen Landstraße, als ein entgegen kommender Lastwagen in einer engen Kurve ins Schleudern geriet, so dass der schwer beladene Anhänger umkippte und ihr Fahrzeug unter sich begrub. Sein Vater war sofort tot, seine Schwester verstarb zwei Tage später im Krankenhaus.

„Ich selbst bin mit einem kaputten Bein davongekommen", sagte Hartmut bitter. Bis dahin wusste ich nicht, was Herzschmerzen sind. Ich hatte Mühe, meine Tränen zurückzudrängen, fand keine Worte und ergriff stattdessen seine Hand.

Am selben Tag stand Hartmut nachmittags auf dem Balkon und schrieb FÜR SYLTA in Großbuchstaben in die Luft, und dann spielte er Variationen über das Schubert-Lied „Sah ein Knab' ein Röslein stehn" – und ich schmolz schier dahin.

Unsere innige Freundschaft überdauerte den Herbst, den Winter und den Frühling. Und dann war wieder Sommer, und ich erwachte jäh aus meiner schwärmerischen Verliebtheit. Wieder saß ich auf unserem Balkon und las, wieder ertönte durch die offene Tür gegenüber wunderschöne Klaviermusik, doch dann erschien auf dem Balkon nicht Hartmut, sondern ein hübsches junges Mädchen mit langen blonden Haaren – älter als ich –, das den Kopf zur Tür drehte, etwas sagte und fröhlich auflachte. Hartmut trat heraus, lächelte, legte den Arm um ihre Schulter und küsste sie leicht auf die Wange. Er winkte mir zu, und ich hob mechanisch meine Hand – doch am liebsten wollte ich sterben…

In den nachfolgenden Wochen sah ich die Beiden mehrfach zusammen. Ich mied fortan unseren Balkon, verließ morgens das Haus zehn Minuten früher, stieg verbissen in die Pedale meines Rades und strampelte die steile Buscheystraße stehend hinauf.

Nach seinem Abitur zog Hartmut in eine andere Stadt, um zu studieren, und bald darauf zogen wir um in eine größere Wohnung in Hanglage mit Bad und Balkon. Meine Mutter pflanzte bunte Blumen in Balkonkästen, und mein Vater stellte einen roten Sonnenschirm auf. Von der Wohnung hatte man einen wunderschönen Ausblick auf die bewaldeten Höhen am Horizont; unter dem Balkon spielten Kinder auf einer weitläufigen Wiese.

Der Balkon war größer, schöner und neu – doch Geschichten konnte er nicht erzählen.

Bäume

Ahornbaum 587

„Hast du Wünsche für deine Beerdigung?" Diese Frage stellte ich schon in früheren Jahren einigen älteren Familienangehörigen und stieß mit dem Thema stets auf Ablehnung; zu meinem Bedauern entstand leider nie ein Gespräch.

Inzwischen gehöre ich selbst zu dem älteren Personenkreis und beschäftige mich immer öfter mit meinem Lebensende. – Wann steht er vor meiner Tür, der Sensenmann? Was hat er für mich vorgesehen? – Natürlich werden diese Fragen bis zuletzt unbeantwortet bleiben, und dennoch ist es für mich, die das Leben zu organisieren liebt, ganz selbstverständlich, so weit wie möglich Einfluss zu nehmen auf den unausweichlichen allerletzten Weg und außerdem auch in dieser Angelegenheit die Selbstbestimmung zu erhalten.

Zuerst weihte ich meinen Ehemann Bernd in den Plan ein. Wir führten lange ausführliche Gespräche, denn auch er wollte sich noch nicht so recht auf das Thema einlassen und vertrat die Meinung, es sei dafür noch Zeit genug. Hartnäckig kämpften wir über den geeigneten Zeitpunkt diese Angelegenheit zu regeln. Meine Beharrlichkeit siegte und überzeugte ihn nach dem Motto: Was erledigt ist, kann uns auch nicht mehr überraschen.

Dann einigten wir uns auf die Bestattungsform in einem FriedWald. Unsere Gründe: Sicher zu stellen, nach dem Tod für die Hinterbliebenen nicht zur Belastung zu werden. Wer sollte sich wann, wie und wo um unsere Grabstellen kümmern? Außerdem werden wir dann an einem Ort verweilen, an dem wir uns schon zu Lebzeiten wohlgefühlt haben. – Endlich war es nicht mehr mein Plan alleine, sondern wir beide fingen gemeinsam an, unseren letzten Weg zu organisieren.

Als erstes stand ein Spaziergang im FriedWald von Altweilnau auf unseren Plan, dieses Naturgebiet begeisterte uns sofort. Majestätisch thronte es über der kleinen Ortschaft mit ihrer ebenso kleinen Burgruine. Das Laub raschelte unter unseren Schuhen, und das Blätterdach des Waldes enthüllte seine Licht- und Schattenspiele. Die Sonnenstrahlen zeichneten goldene Linien zwischen den Bäumen bis zur Erde und präsentierten dort eine bunte Farbenpracht. Wir atmeten tief durch und verspürten das Gefühl der Ruhe und Freiheit. Bernd und ich hatten den Eindruck, die Natur zeige hier ihre Vielfältigkeit, um uns für diesen etwas anderen Wald zu gewinnen. Als nächstes hielten wir Ausschau nach einem Baum, an dessen Wurzeln wir einmal begraben werden möchten.

Aufgrund eines Arbeitswechsels suchten wir 1984 im Taunus nach einer geeigneten Bleibe. Die Suche führte uns unter anderem auch nach Altweilnau. Sofort verliebte ich mich in die idyllische Ortschaft. Trotz vieler Bemühungen fanden wir dort leider kein passendes neues Zuhause. Meine darüber immer noch leichte Traurigkeit wird endgültig durch Freude beseitigt, denn ich werde, in dem von mir geliebten Ort nun doch noch ein „Zuhause" finden, auch wenn es das „Allerletzte" sein wird.

Nur vier angelegte Hauptwege durchkreuzten den Wald, ansonsten stapften wir über trockene Zweige, knorrige Wurzeln, grünes Moos, verschlungenes Efeu und farbige Blätter. Wir legten weniger Wert auf die Baumart, sondern uns war der Standort wichtiger, erreichten den Waldrand mit sanfter Hanglage und freier Sicht. Jetzt stand fest: Hier möchten wir einen Bestattungsbaum erwerben, denn mit der Erschließung war die Begrenzung in diesem Teil des FriedWaldes erreicht und die Weitsicht blieb erhalten, denn wir wollten keinen Platz mittendrin, sondern legten Wert auf freie Sicht.

Nach Terminabsprache mit dem Förster treffen wir uns am

besagten Waldrand und können zwischen mehreren auf Abstand frisch gepflanzten Bäumen wählen, und entscheiden uns für einen jungen Ahornbaum mit der Nummer 587, gepflanzt am leichten Hang in der dritten Reihe. Noch ist er ein zarter „Jugendlicher", wird durch einen Pfahl gestützt, jedoch flankieren ihn zwei große starke Eichen und beschützen ihn während seines Wachstums, denn als „Erwachsener" kann auch er, wie seine Beschützer, bis zu dreißig Meter hoch und über fünfhundert Jahre alt werden.

Der Ruheplatz ist wie für uns gemacht: Der Blick nach vorne reicht über eine saftige Wiese mit Anschluss zum Golfplatz und den Löchern dreizehn, siebzehn und achtzehn, worüber Bernd sich als Golfspieler besonders freut. Im rechten Teil daneben erstreckt sich die Ortschaft Niederlauken mit ihrer kleinen Kirche auf einer exponierten Anhöhe, wo ich stets auf meinen Wanderungen Pausen einlege. Der rückwärts gelegene Mischwald gleicht einer Festung.

Inzwischen ist der Ahornbaum 587 ein Teil unseres Lebens. Im Wandel der Jahreszeiten besuchen wir ihn, erleben sein Wachsen und beobachten um ihn herum die Natur in ihrem Eigenleben des FriedWaldes.

Fleißige „Friedhofsgärtner" sorgen dafür, dass nicht überall Bucheckern herumliegen, denn sie sind die Leibspeise der Eichhörnchen. Auch erfreuen wir uns immer an einem „Friedhofs-Chor": Jeden Morgen pünktlich zum Sonnenaufgang stimmen die Vögel das erste Lied an und zwitschern den ganzen Tag. Mit Glück, Ausdauer und leisem Verhalten bekommen wir auch zwei „Grabwächter" zu Gesicht. Den wachsamen Augen der Jungen Waldkäuzchen entgeht nichts. Ob in den Wipfeln der Bäume oder im dichten Geäst am Boden, sie wachen Tag und Nacht. Da Gestecke, Kerzen und Grabsteine nicht in die natürliche Umgebung des Waldes passen, sorgt die Natur selbst für ein reichhaltiges Angebot von „Grabschmuck": Mal sind es ein farbenprächtiger Schmetterling, ein eleganter Farn, duftende Wildblumen, grüne Moose oder eine Vielfalt an Pilzen.

Dass wir unseren Baum, unter dem wir einmal ruhen werden, schon zu Lebzeiten ausgesucht haben, gefällt mir ganz besonders. Zu wissen und zu erleben, in welch wunderbarer Natur ich irgendwann einmal sein werde, tröstet mich und nimmt mir die Angst vor dem Ende.

Unser Nussbaum

Mehr als sechzig Jahre hat mich unser Nussbaum auf meinem Lebensweg begleitet, Sternstunden und unbeschreibliche Freude, große Gefühle, aber auch Trauer und Abschied nehmen, Ängste und Unglücklichsein hat er mit uns erlebt. Er kennt uns so lange und bestimmt besser, als wir denken.

Nach der Geburt unserer Tochter, wurde er als junger Trieb von meinem Vater im Frühjahr 1956 gepflanzt, mitten auf der Wiese. Er sollte ein Baum für unsere Tochter sein, inzwischen ist er auch mein Baum geworden.

Im Frühling und Sommer stand der Kinderwagen unter dem Sonnenschirm ganz nahe beim Stamm des jungen Bäumchens, die Familie saß lesend und erzählend im Garten und überlegte, wer wohl schneller wachsen wird, das Kind oder der Baum. Beide sind gewachsen und groß geworden, das Kind längst von zuhause weg, hat eine eigene Familie und Kinder, der Baum hat seine Wurzeln tief und breit im Garten ausgebreitet, und es geht ihm bestens. Ja, groß und überschwenglich sind seine Äste bis zur Terrasse gewachsen, ein Sonnenschirm ist nicht mehr nötig. Nun spielten und tobten die Enkelkinder, die oft und gerne zu Besuch hier weilen, bei dem Nussbaum. Fußball oder Federball spielen, Seil springen und im Wasser planschen sind an der Tagesordnung. Oma und Opa erleben glückliche Zeiten mit den Enkeln, und die Eltern können ruhig mal einige Tage Urlaub machen ohne Kinder. Unter den Zweigen des Baumes herrscht eine glückliche Atmosphäre. An einem starken Ast ist eine Schaukel für die Enkel angebracht, die täglich genutzt wird, auch von Kindern aus der Nachbarschaft.

Es wurde gegrillt und gefeiert, besonders erinnere ich mich

an den 83. Geburtstag, den letzten meiner Mutter. Sie konnte bis zu ihrem Lebensende zuhause wohnen und jeden Tag vom Fenster ihres Zimmers unseren Familienbaum bewundern.

Meisen und Sperlinge sind Jahr für Jahr Gäste in den Zweigen, Amseln und Elstern versuchen sie zu vertreiben. Eichhörnchen huschen im Herbst bis zum Winter über den Stamm durch die dichten Äste, schnappen sich Nüsse, schleppen sie weg und vergraben sie in sämtlichen umliegenden Gärten. Ständig sind eine Menge neuer Triebe wieder aus der Erde herauszuziehen, jedes Jahr eine Menge Blätter zusammenzurechen, zum Bauhof zu bringen und zu entsorgen. Oft wird mir nun diese Arbeit zu anstrengend, manchmal bin ich auch am Schimpfen wegen der vielen Arbeit. Die Nüsse verschenke ich oder lasse sie Nachbarn auflesen, die mir oft beim Entsorgen des Laubs helfen. Die dichten Blätter haben uns im Sommer so viel Schatten geschenkt, deshalb habe ich einfach keinen Grund, mich zu beschweren.

Ja, ich wünsche mir, dass mich der Baum auf meinem Lebensweg bis zum Ende begleitet. Er hat unsere Freude und unser Glück erlebt, aber auch unsere Tränen, wenn wir von geliebten Menschen Abschied nehmen mussten, die auch er alle kannte. Zuerst von meinem Vater, der ihn pflanzte, dann von meinem Mann, der den Rasen unter seinen Zweigen mähte und im Herbst die Blätter entsorgte, später von meiner Mutter, die ihn so lange bewundert hatte. Mit ihnen allen war er seit Jahrzehnten vertraut, er kannte ihre Stimmen und ihr Lachen, er sah ihre Schmerzen, wenn die Beine sie nicht mehr tragen konnten, weil der Rücken überfordert und die Knie kaputt waren.

In Vergessenheit geratene Ereignisse kommen mir heute in den Sinn, wenn ich nun oft alleine auf der Terrasse sitze: gute Gespräche, das Toben der Kinder und der Enkelkinder. Meinen Vater sehe ich noch in seinem bequemen roten Trainingsanzug in der warmen Sonne unter dem Nussbaum sitzen, als er nicht mehr laufen konnte, er war gebrechlich geworden. Vor meinen Augen steht mein Mann, der ständig an seinem Motorrad etwas zu basteln und zu reparieren hatte, und ich sehe Freunde und Bekannte, mit denen wir feierten.

Briefe schreiben und lesen, telefonieren und Besuche von Freunden, Kindern und Enkelkindern, die längst erwachsen sind, das kann unser Nussbaum jetzt noch mit mir zusammen erleben. Auch er ist alt geworden, aber hoffentlich nicht traurig, wenn es jetzt ruhig unter seinen Zweigen geworden ist. Manchmal, bei leisem Wind und abendlicher Stille, höre ich ihn in seinen weit ausgebreiteten Zweigen sagen:

"Weißt Du noch?"

Die Überraschung unter dem Weihnachtsbaum

Endlich waren meine Mutter, mein Bruder und ich nach Kriegsende wieder in Köln, Vater noch irgendwo in Gefangenschaft.

In der Adventszeit waren wir Kinder und unsere Freunde alle gespannt, was dürfen wir uns wünschen? Viel konnte es nicht sein, dazu war kein Geld da.

Mein geheimster und allergrößter Wunsch war ein Roller. Aber kein normaler Roller, nein, es war ein Roller, den ich vorher so noch nie gesehen hatte, ein sogenannter Wipp-Roller. Über dem Tretbrett war noch ein Brett montiert, man konnte mit wippenden Fußbewegungen eine gezahnte Schiene bewegen, die dann das Hinterrad antrieb. Und dann, oh Wunder, sauste man wippend und mit flatternder Bekleidung durch die Straßen. Es war ein himmlisches Gefühl, so allen davon brausen zu können, ohne große Anstrengung. Ich durfte es einmal bei einem Klassenfreund ausprobieren. Von da an spukte nur noch dieser Wipproller in meinem Kopf herum. Aber er war teuer! Ich konnte es mir trotzdem nicht verkneifen, diesen Wipproller auf meinen Wunschzettel zu schreiben. Ein Ball und ein Buch kamen noch dazu.

Die Zeit vor Weihnachten schlich nur so dahin. In unserer Familie war es üblich, die Bescherung am Morgen des ersten Weihnachtstages zu machen. Wir Kinder wurden so doppelt auf die Erwartungsfolter gespannt.

Einige Tage vor dem Weihnachtsfest konnte ich es nicht mehr aushalten. Hat das Christkind (sprich Mama) unsere Wünsche vielleicht erfüllt? Um das herauszufinden, tat ich etwas Ungezogenes. Ich durchsuchte die ganze Wohnung auf Geschenkhinweise. Und ich wurde fündig! In der Ecke unserer Abstellkammer stand ein größeres, verhülltes, längliches Etwas. Davor postiert Besen und Putzeimer. Ist es der Wipproller, oder ist er es nicht? Mein Herz trommelte und ich schämte mich gewaltig. Aber ich tat es. Ich lüpfte ein wenig die Stoffhülle, dann erstarrte ich vor Glückseligkeit. Strahlend gelb lackiertes Eisengestell, Lenkrad, zwei Räder. Da war er, mein Wipproller, mein Traum!

Als hätte ich mir die Finger verbrannt, so schnell ließ ich die Stoffhülle wieder fallen. Ich tanzte und sang innerlich immer wieder das dasselbe Wort Wipproller, Wipproller. Es mussten nur noch zwei Tage überstanden werden, dann, dann, dann hatte ich ihn. Meinem Bruder verriet ich mit keinem Wort meine Entdeckung. Aber ich musste ungemein strahlen, weil er einmal sagte: „Was hast Du? Du siehst so glücklich aus?"

Dann war der „Heilige Abend" da. Es wurde gesungen und die Weihnachtsgeschichte vorgelesen, es wurde der obligatorische selbstgemachte Kartoffelsalat mit Frankfurter Würstchen verspeist. Mutter, wir Kinder und drei eingeladene Cousinen meiner Mutter erzählten vom zu Ende gehenden Jahr, alle dachten sehr lieb an unseren Vater, der ja nicht dabei sein konnte. Später gingen mein Bruder und ich dann zu Bett. Gespannt wie Flitzebögen überstanden wir mehr oder weniger schlafend die Nacht und erwarteten ungeduldig die Bescherung.

Dann erlöste uns endlich Mutter am Morgen aus der Wartezeit mit den Worten: „Ich zünde gleich die Kerzen an und bimmle mit dem Glöckchen, dann dürft ihr ins Zimmer." Es bimmelte und wir stürzten herein. Der Weihnachtsbaum strahlte, mit Kerzen, Kugeln und Lametta geschmückt, mein Bruder und ich schauten unsere Geschenke an: Er bekam einen Füller und ein Buch und einen Weihnachtsteller, für mich war ein dicker blauer Gummiball mit roten Punkten, ein Buch, „Das doppelte Lottchen", und ein Weihnachtsteller unter dem Weihnachtsbaum.

Mutter lächelte freundlich und sagte: „Na, seid ihr zufrieden?

Freut ihr euch?" Wir nickten halbwegs begeistert. In mir stürzte eine Welt zusammen. Ein Knoten bildete sich ganz tief innen. Wo ist er geblieben, der Wipproller? Endlich hielt ich es nicht mehr aus und gestand meiner Mutter, dass ich vor Tagen in der Abstellkammer einen gelben Wipproller gesehen hätte. Sie schaute mich etwas nachdenklich an, schimpfte aber nicht und sagte dann leise, so ganz nebenbei: „Ach den, den sollte ich für unsere Nachbarin verstecken, damit ihr Sohn Hans den nicht vor Weihnachten findet, weil der immer so neugierig sei und nach den Geschenken suche!"

Die alte Linde

Ein altes Kinderlied erzählt: Die alte Linde Gundula war schon vor hundert Jahren da....

Oft denke ich an diesen Vers, wenn ich die etwa achtzigjährige Sommerlinde vor unserem mehrstöckigen Wohnhaus heranwachsen sehe. Seit zwanzig Jahren ist sie mir vertraut, ihre Baumspitze hat inzwischen das achte Stockwerk des Hauses erreicht! Als für uns vor Jahren ein Wohnungswechsel bevorstand, mieteten wir in der zweiten Etage ein neues Zuhause. Wir blickten direkt vor unseren Fenstern in eine grüne Oase.

Gewaltig und weit verzweigt sind heute die Äste dieses schönen Baumes und so gab ich ihm auch den Namen „Gundula" wie im Reim. Ich freue mich täglich! Im Frühling sind es die ersten Knospen und bald zeigt sich das zarte Grün der Blätter. Ein emsiges Treiben beginnt: Meisen, Amseln, ein Specht, der unscheinbare kleine graue Kleiber, auch ein Taubenpaar tragen eifrig Baumaterial für ihre Nester herbei. Das Flöten der Amseln ist nicht zu überhören, Meisen zwitschern um die Wette. Ein Eichhörnchen saust flink den Stamm hinauf und schwingt sich von Ast zu Ast. Die Tauben gurren.

Im Juni erfüllt ein betörender Duft die Umgebung, die Linde steht in voller Blüte. Bienen sammeln den Nektar. Der Sommer schenkt ihr ein dichtes Blätterdach, der uns Schatten und zusätzlich Sauerstoff gibt. In aller Frühe fallen am Morgen Sonnenstrahlen durch ihr Geäst, dann tanzen im gleißenden Licht winzige Staubkörnchen.

Manchmal lassen Regen und Sturm den starken Baum schwanken und ächzen, doch diese Wetterkapriolen hält er standhaft aus. Allmählich verstummt der Gesang der Vögel. In

wenigen Wochen zeigen die herzförmigen Blätter ein anderes Farbenspiel, sie verlieren ihr sattes Grün! Heftiger Wind fährt durch die Äste, wirbelt und schüttelt das Laub durch die Luft und bedeckt die Rasenflächen. Der Herbst hält reiche Ernte.

Ein grauer Novembertag bringt dichten Nebel, so dass ich meinen lieben Baum im Dunst nur schemenhaft erahne. Jetzt ist die Zeit gekommen, den Aquarellblock, Farben und Pinsel auf dem großen Tisch auszubreiten und wieder mit dem Malen zu beginnen. Im Licht der Straßenlaterne steht der mächtige Baum schwarz und kahl da. Auf meinem Zeichenblock habe ich ihm noch einmal ein leuchtend buntes Herbstkleid angezogen.

Draußen herrscht große Stille. Als ich eines Morgens in unser Wohnzimmer komme, ist die alte Linde über und über mit Schnee bedeckt. Leise fällt noch immer Schnee; alle Äste und Zweige sind eingepudert. Es ist Winter geworden.

Ein Jahr habe ich mich wieder an ihrem Leben erfreut und zusehen dürfen, was in und um sie geschehen ist. Auch heute grüßt sie mich durch das Fenster. Ich schaue zu ihr in der Hoffnung, sie immer wieder im Wechsel der Jahreszeiten erleben zu dürfen.

Marziniak *Inge*

still und stolz

So lange habe ich dich nicht gesehen
die Sehnsucht wächst dich zu umarmen
spüren von dir beschützt zu sein
du hörst zu wenn ich mich suchend an dich lehne
und gibst mir Halt ohne zu fragen

Die Zeit zieht viel zu rasch an mir vorüber
ich habe Angst dich im Sturm des Lebens zu verlieren
möchte dir begegnen schöner Traum
Doch erst im Mai seh ich dich wieder
Mein stolzer, stiller Ginkgo-Baum

Der Riese vor der „Klauskirche"

Jedes Mal, wenn ich zu Besuch nach Hause fuhr, offenbarte sich mir dieses vertraute Bild aus einer anderen Zeit: das Haus, die Mauer, der Birnbaum, der Brunnen, und es sagte mir: „Du bist daheim!"

Er steht immer schon da, der Birnbaum, gehört zu meiner Kindheit, genauso wie der weitläufige Hof, in dem seine Wurzeln verankert sind. Niemand kennt sein Alter, weiß, wer ihn denn je gepflanzt hat, niemand schenkt ihm besondere Beachtung, nicht einmal im Herbst, wenn seine Früchte zu Boden fallen. Kein Mensch will das Risiko eingehen, in das Geäst oder die mächtige Krone, die schon so morsch und brüchig wirken, zu steigen, um sie zu pflücken, aber auch, weil die rauhschaligen Birnen saft- und geschmacklos sind. Allein die Höhe und Ausdehnung dieses grauen, verknorzten Riesen sind bewundernswert, denn es gibt keinen größeren weit und breit.

Das zweistöckige Fachwerkhaus, zu dem er gehört, ist schon sehr alt und hat einen Namen, den jeder in der kleinen Stadt kennt: die „Klauskirche". Sie präsentiert sich, unabhängig von der Häuserreihe der oberen Marktstraße, etwas schräg zu dieser hin, als wolle sie alle Blicke auf sich ziehen. Die moosbewachsene Mauer rundum, durchbrochen von dem eindrucksvollen Steinportal, und der viereckige Brunnen davor, sind einmalig in dem Ort. Mit dem zwischen Haus und Mauer emporragenden Birnbaum und seinen dicken, weit ausladenden Ästen, die hoch über das Dach streifen, landet manche Aufnahme dieses Idylls auf Ansichtskarten und in Foto-Alben.

Sechs Familien leben in dem geschichtsträchtigen Gemäuer mit all seinen Unzulänglichkeiten, die ich aber als Kind gar nicht als solche sehe, hier bin ich geboren und nur diese kleine Welt kenne ich. Unter dem Birnbaum pulsiert das wahre Leben während der Kriegs- und Nachkriegsjahre. Kinder aller Altersklassen teilen sich den großflächigen Hof, der rund um das Haus verläuft, mit Haustieren aller Gattungen. Im Frühling, wenn der Baum in voller Blüte steht, im Sommer, wenn er Mensch und Tier wohltuenden Schatten spendet, im Herbst, wenn die überreifen Birnen auf Hof und Straße aufschlagen und zerplatzen, im Winter, wenn er beim ersten Schneefall wie ein gigantisches Zauberwesen wirkt – hier nehme ich den Wechsel der Jahreszeiten von klein auf am ehesten wahr. Und wie vielen Vogelarten bietet er Aufenthalt oder Heimat! Die buntgefiederten Sänger sind oft Gast in Mutters Vogelhäuschen am Küchenfenster, sie kommen stets aus dem Birnbaum und fliegen zu diesem zurück, ein ständiges Kommen und Gehen während der längsten Zeit des Jahres.

Was hätte er alles erzählen können, dieser behäbige Riese? Sollte er etwa schon als junger Sprössling die Kriege vergangener Jahrhunderte durchlebt haben, als das Hospital St. Nikolai bis auf die Grundmauern abbrante? Als Fachwerkhaus neu errichtet diente es als Kaserne, Lazarett und unter dem Namen „St. Nikolaus" dann auch als Kirche und Schule, bis es als „Klauskirche" schließlich im zwanzigsten Jahrhundert sechs Familien Heimat geworden war, einigen nun schon seit mehreren Generationen. Ich glaube, so alt kann kein Birnbaum werden. Sein Anfang liegt im Dunkeln. Aber allein schon während meiner Jahre in seiner Gesellschaft wird er Zeuge von Geburt und Tod, Freude und Schmerz, Krieg und Frieden. Zärtliche Worte in lauen Vollmondnächten, heftige Eifersuchtsszenen, tränenreiche Abschiede – sein mächtiger Stamm und sein dichtes Laubdach saugen die Geheimnisse zweier Menschen auf wie ein Schwamm, schützen sie vor den neugierigen Blicken manch besorgter Mutter, die am

Fenster hinter den Gardinen steht.

Und erst die Feste, die hier stattfinden: Polterabende, Hochzeiten, Kindstaufen, nicht zu vergessen die Schlachtfeste im Winter. An solch einem Tag flüchte ich hinter den Birnbaum, stehe an dem engen Platz zwischen diesem und der Mauer, halte ganz fest die Ohren zu, denn das alles durchdringende Quieken des armen Borstenviehs, das gerade hinter dem Haus sein Leben lässt, ist grässlich. In späteren Jahren genügt mir der Birnbaum als Zuflucht nicht mehr, ich laufe weg von der „Klauskirche", so weit ich kann, und kehre erst zurück, wenn alles vorbei ist und der große Schlachtschmaus beginnt.

Freud, aber auch Leid erlebt er, der Birnbaum, den Abschied junger Männer von ihren Familien, als diese an ihm vorbei durch das Tor ziehen, um dem Ruf des Kaisers zu folgen, im Ersten Weltkrieg zu kämpfen, und Jahre später sogar halbe Kinder, wie mein Bruder und sein Freund, die am Zweiten Weltkrieg teilnehmen müssen. – Einige kehren nicht mehr zurück.

Nach Kriegsende hausen die amerikanischen Besatzungstruppen wie die Vandalen unter dem Baum, wo sie Hühner und Kaninchen schlachten, nachdem sie die „Klauskirche" evakuiert haben und sie mit allem drumherum für zwei Wochen in Beschlag nehmen.

Es folgen friedliche Jahre. Eine neue Generation wächst schon heran und der Kreislauf des Lebens im Hof um die „Klauskirche" setzt sich fort. Dann kommt der Tag, an dem ich unter dem Birnbaum mit einem Köfferchen durchs Tor schreite, um herauszufinden, wie sich das Leben anderswo gestaltet.

Solange meine Eltern und mein jüngerer Bruder noch in der „Klauskirche" lebten, kehrte ich in unregelmäßigen Abständen dahin zurück. Jedes Mal war es ein „Heimkommen" in die Welt meiner Kindheit, bis zu dem Tag, an dem ich dieses Gefühl verlor. Als ich im Sommer 1971 nach dreijähriger Abwesenheit vor dem Tor stand, bot sich mir ein erschreckendes Bild. Vor mir lag das nackte Haus mit der Mauer, die man obendrein noch teilweise abgetragen hatte –, der Birnbaum, war verschwunden! Es war, als hätte man mir Kindheit und Jugend genommen.

Was war geschehen? Meine Eltern legten mir Zeitungsberichte vor, nach denen der Baum, der unter Naturschutz stand, wegen Krankheit und Altersschwäche Anfang des Jahres fachmännisch gefällt worden war, weil er sonst zur Gefahr für die Bewohner und Passanten hätte werden können. Wie vermisste ich ihn, diesen Riesen vor der „Klauskirche"! Danach war sie nicht mehr dieselbe.

Freiräume

„Kinderparadies"

Im Sommer 1949, an einem außergewöhnlich heißen Tag fuhr ich mit Mutter das erste Mal nach Berlin. Dass noch weitere Berlinfahrten folgen würden, die mein Gefühlsleben durcheinander bringen sollten, ahnte ich zu diesem Zeitpunkt noch nicht. Als Fünfjährige freute ich mich einfach nur auf das schöne Unbekannte, wovon die Eltern immer berichtet hatten. Für einen Tag und eine Nacht besuchten wir Verwandte, die in Lichterfelde-West-Bezirk Steglitz auf einem stattlichen Anwesen lebten.

Die Villa besaß viele Zimmer, mehrere Bäder, einen Wintergarten und prall gefüllte Vorratskammern. Mein Zuhause dagegen konnte das alles nicht aufweisen; denn wir lebten in einem Zimmer mit vier Personen hoch oben auf einem Dachboden. Dort lagerte Getreide, somit kämpften wir jede Nacht gegen allesfressende Ratten. Unser Wasser holten wir mit einer anderen Familie aus einem rostigen Wasserkran in der Ecke des Bodens. All diesem für kurze Zeit zu entfliehen, löste sicherlich meine Freude und Neugier auf die Fahrt nach Berlin aus.

Der Garten mit allerlei bunten Blumen, frischgrünem Rasen und dicken großen Bäumen hatte es mir besonders angetan. Hinter der Villa, etwas geschützt unter dem Wintergartendach, lag mein eigenes kleines Paradies. Alleine verbrachte ich dort etliche Stunden. Begleitet von einer großen echten Tafel Schokolade – in der DDR gab es fettige Vitalade, die mir überhaupt nicht schmeckte – träumte ich mich an diesem Ort in eine heile Welt. Ich vergaß unser „Rattenleben" und schwebte in meiner Phantasie mit den Vögeln hoch in den Lüften zu allen Orten, die mir aus der Märchenwelt bekannt waren. Nur ungern trennte ich mich von meinem Platz der Träume und Freude, als wir wieder unsere Heimfahrt antreten mussten; allerdings bestand die Aussicht auf eine Rückkehr.

Zu meinem sechsten Geburtstag war es dann so weit, unsere Verwandten luden mich ein, vier Wochen in ihrer Villa mit dem bunten Garten meinem bescheidenen Leben zu entfliehen. Bei mir stellte sich Aufregung ein; denn diesmal trat ich die Fahrt alleine an. Im Zugabteil fragten die Mitreisenden immer wieder, warum und wohin ich denn wolle. Nur ungern befriedigte ich ihre Neugierde, sondern fand es viel spannender, aus dem Fenster zu schauen und sehnsüchtig von meinem Paradies zu träumen; denn diesmal durfte ich ja viele Tage und nicht nur einen einzigen dort verweilen.

In diesen ereignisreichen Wochen zog ich mich immer wieder in mein eigenes Reich zurück. Der grüne Rasen, eingefasst von einem hohen Gebüsch, welches Stacheln und rote sowie gelbe Blätter trug. Für mich war es die dichte Hecke von Dornröschen. Tannenbäumchen bildeten den Wald von Hänsel und Gretel, Rotkäppchen könnte auch dort langgelaufen sein. Viele Blumen, deren Namen ich nicht kannte, verzauberten mich mit ihren leuchtenden Farben. Alte, leere Kisten und bunte Stoffreste bildeten meinen alleinigen Wohnraum, den ich mir ja zu Hause mit der Familie teilen musste. Eine Thermo-Kanne mit Kakao sowie eine Schale Plätzchen vervollständigten mein Glück.

Hier konnte ich grenzenlos meine Träume ausleben, besuchte den kleinen Süßwarenladen, der zu meinem eigenen „Schlaraffenland" wurde, durchwanderte die Natur der ganzen Welt auf Grund eines spannenden Besuches des botanischen Gartens, schwelgte zwischen Kuchen mit echter Sahne, die es bei uns zu Hause nicht gab, und umsegelte als „Kapitän" die Welt auf einem Ausflugsdampfer mit dem Name Moby Dick, versetzte mich sogar in den Einkaufs-Bummel beim „Kinderausstatter" am Kurfürstendamm, wobei mich die vielen wunderschönen Anziehsachen noch tiefer in eine Märchenwelt entführten. Alles das machte mich glücklich; denn traurige und schlechte Erinnerungen konnte ich hier ganz ausblenden. Mit Schmerz und Wehmut nahm ich nach vier Wochen Abschied. Auch die Rückfahrt trat ich wieder alleine an; in meinem Gepäck reisten mit nach Hause jede Menge neuer traumhafter Erlebnisse und die große Hoffnung auf eine Wiederkehr in mein Phantasieparadies.

Schon im darauf folgenden Jahr erfüllte sich meine Hoffnung. Mutter und ich fuhren diesmal für eine Woche nach Berlin. Uroma Ida war sehr krank, aber sie hatte den Wunsch, mich, ihre älteste Urenkelin, zu sehen. Während unserer Reise versuchte Mutter mir zu erklären, was das Sterben bedeutet. Ich bemühte mich zwar, alles zu verstehen, jedoch reichte meine Einbildungskraft noch nicht wirklich, mir das Ende eines Menschenlebens vorzustellen.

Am Tag vor unserer geplanten Rückreise herrschte auf einmal bei allen Erwachsenen große Aufregung. Die Familienangehörigen liefen weinend durch die Räume und gingen nicht zur Arbeit. Mutter wischte sich ständig Tränen fort, so dass ich mir zwischen den traurigen Verwandten sehr verloren vorkam und nicht wusste, was ich machen sollte. Endlich, nach gefühlter Ewigkeit sagte Mutter: „Komm, wir gehen in den Garten zu deinem Paradies!"

Wir setzten uns auf eine kleine Bank, Mutter nahm mich in die Arme: „Uroma Ida ist letzte Nacht gestorben, sie ist jetzt im Himmel." „Wie im Himmel?", fragte ich ungläubig zurück. „Kann ich sie nicht mehr sehen? Gestern war sie doch noch da!", schluchzte ich leise, und langsam kullerten die Tränen. „Du wirst sie noch sehen", erwiderte Mutter, „nur wird sie nicht mehr mit dir reden!" „Aber warum nicht?", fragte ich ratlos, „sie wollte mir noch so viel erzählen." „Es geht nicht", antwortete Mutter, „Uroma Ida ist tot." „Nein!" Ein Schmerz wie von vielen kleinen Stichen wanderte durch meinen Körper, er tat sehr weh. Tot –

mit diesem Wort konnte ich nichts anfangen, aber es bedeutete besonders viel Traurigkeit und Schmerz.

Auf einmal wandelte sich mein himmlisches Paradies der Glückseligkeit in einen düsteren Ort, durch einen trüben Tränenschleier erschien mir alles grau in grau, so dass ich nicht mehr bleiben konnte und nur noch fort wollte. Diesmal befand sich keine Rückkehrhoffnung in meinem Gepäck; das Verlangen nach meinem himmlischen Paradies war erloschen; denn nach Schmerzen und Trauer hatte ich keine Sehnsucht.

Jahre später jedoch führte unsere Flucht von Mecklenburg nach Westdeutschland über Berlin, wo wir wieder für ein paar Tage bei den Verwandten in deren großzügiger Villa mit dem herrlichen Garten wohnten. Leider war ja seit dem Tod von Uroma Ida aus meinem ehemaligen Paradiesplätzchen ein Ort der Trauer geworden. Auch jetzt änderte sich das nicht, ich konnte dort nur sitzen und weinen; denn meine Freunde hatte ich auf Grund dieser Flucht ohne Abschied verlassen müssen. All meine glücklichen Augenblicke waren wie fortgeblasen, meine Phantasie zauberte keine märchenhafte Welt mehr hierher.

Ein letztes Mal führte mich mein Weg nach über dreißig Jahren zurück zu den Verwandten nach Berlin-Lichterfelde. Die Zeit hatte natürlich einiges verändert. Alte Vertraute waren schon in eine andere Welt übergegangen, und mit ihren Nachkommen musste ich mich erst anfreunden.

Mein Herzenswunsch hieß natürlich: Noch einmal im Garten sein, und dort in mein verlorenes Kinderparadies eintauchen. Allein begab ich mich hinter die Villa, meine Hände wurden feucht und eine innere Unruhe machte sich breit. Auf einem abgesägten Baumstumpf nahm ich Platz und schaute in die Runde. Fehlten auch meine damals zusammengetragenen Einrichtungsgegenstände, so lachten mich die verbliebene, hoch gewachsene Hecke und die alten verknöcherten Bäume an. Ich erkannte sie wieder und fragte mich, ob sie das ebenfalls taten, schloss die Augen, so dass die Phantasie mich zurück in meine verträumten Kindheitstage führte, tauchte wieder ein in all die märchenhaften Erlebnisse im „Schlaraffenland" bis hin zum „Kinderausstatter" am Kurfürstendamm. Eine wohlige Wärme erfasste mich, die innere Unruhe verschwand und ein Lächeln zog über mein Gesicht.

Jetzt gelang es mir endlich, die traurigen Momente der Vergangenheit auszublenden und ich war selig, wieder im traumhaften Paradies meiner Kindertage angekommen zu sein.

Gartenglück und Himmelsschaukel

In der Provinzstadt, in der ich aufwuchs, kamen die Winter streng und eisig daher, doch die Sommer glühten wochenlang vor Hitze.

Meine Großeltern besaßen ein kleines Haus mit Garten in der Altstadt, in dem ich mit ihnen wohnte. Das sommerliche Gartenleben dort ist mir in schönster Erinnerung.

Man musste durch einen langen, dunklen Gang, der sich etwas schlängelte und mich als Kind immer ein wenig erschaudern ließ, wenn man zum Hinterausgang hinauswollte. Doch in den Garten wollte ich immer unbedingt, besonders an diesen konstant heißen Sommertagen.

Nach der sperrigen Tür ging es erstmal vier Steinstufen hinauf in einen erdigen Hof, der Platz bot für Wäscheleine, Teppichklopfstange und Aschegrube. In den ersten Jahren pickten dort auch ein paar Hühner jedes spärliche Grün, das sich herauswagte. Ein schmaler, gepflasterter Weg führte dann an einer gemauerten Schuppenreihe entlang. Dann ging es weitere drei Stufen hinauf und man stand vor einem kleinen eisernen Törchen. Es war abgeriegelt, um die Hühner fernzuhalten. Wie sehr genoss ich es jedes Mal, mich endlich im Garten aufzuhalten! Ich ließ dann die Welt hinter mir.

Der Garten zog sich mehr in die Länge denn in die Breite, die vielleicht nur fünf Meter betrug. Rechts und links erstreckten sich die Nachbargärten. Sie alle erfuhren ein Ende an der alten, mehr als mannshohen Natursteinmauer, die den Blick auf den dahinterliegenden historischen Friedhof verwehrte. Die großen emporragenden Bäume auf seinem Terrain verrieten aber, dass er sich hügelig ansteigend ausbreitete.

Im Garten verlebten wir unsere Sommer, denn an Reisen war nicht zu denken – dafür fehlten Mittel und Möglichkeiten. Ich spürte keine Entbehrung und wenn die Sommerferien begannen, stellte ich mich auf den zweimonatigen Freiluftaufenthalt ein. Am liebsten hätte ich draußen auch geschlafen, doch ein wenig mulmig wurde mir doch immer – so als Einzelkind und hinter der Friedhofsmauer - denn wie oft wob ich mich selbst in gruselige Geschichten ein.

Direkt an die Mauer hatte mein Großvater mit seinem Sohn eine grüne Holzlaube mit einem großen Fenster gezimmert, die mich aber nur interessierte, wenn der Regen kam. Viel interessanter war es, auf einer Decke auf der Wiese zu lümmeln oder mit dem Nachbarmädchen ein Zelt aus zusammengetragenen Decken und Tüchern zu bauen.

Ich muss etwa zehn Jahre gewesen sein, als zu meiner Überraschung ein lang gehegter Wunsch in Erfüllung ging: Meine Großmutter hatte eine Hängematte erstanden. Diese war ganz einfach aus hellem Zwirn zu einem Netz gewirkt, und wenn man ohne Decke darin lag, zeichnete sich das Muster tief in die Haut. Zwischen Apfel- und Birnbaum knüpfte sie mir der Großvater.

Von da an hängt mein Wohlfühlglück an zwei Seilen. Um mich die flirrende Luft, das Tschilpen der Vögel, Insekten summend und brummend. Bunte Wäschestücke auf der Leine. Schmetterlinge lautlos vorübergleitend. Im sanften Wiegen sehe ich durchs schimmernde Blätterwerk der Bäume. Ich gebe mir Schwung und fliege dem Himmel entgegen. Wie unbeschwert sich das anfühlt … Ich hebe ab in meine eigene Welt. Das berauschende Schwingen geht viel zu schnell über in ein sachtes Schaukeln, doch ich stoße mich immer wieder ab, um die ständige Bewegung zu halten.

Ich nehme mir die Wölkchen ins Visier und entwerfe meine Figuren. Verträumt blinzele ich der Sonne zu und male mir Begebenheiten aus, in denen ich die Heldin bin. Wie kann es anders sein: Ich glänze in der Schule mit souveränen Antworten und Noten, ich trage Kleider nach der neuesten Mode und die Jungen stellen mir nach... später werde ich Innenarchitektur studieren und endlich den üblichen, langweiligen Schrankwänden den Garaus machen... Die Träume sind erfüllt von meinen romantischen Vorstellungen. Wie schön es ist, sich treiben zu lassen, die Geschichten auszubauen, wieder an einen Punkt zurückzugehen und dann einen anderen Pfad einzuschlagen. Ein endloses Spiel. Die Zukunft so lässig ausgemalt. Lust und Laune kreuzen sich.

Mich durchflutet ein Strom von Behaglichkeit, der mich träge und gelassen macht. So lasse ich ungestört den Tag durch die Sanduhr rieseln. Befreit fühle ich: Die Großeltern gönnen mir diesen Freiraum, den strenge Eltern wohl mit Aufgaben begrenzen würden.

Irgendwann erscheint die Großmutter mit einem Imbiss. Es sind einfache Speisen, die aber köstlich schmecken. Pellkartoffeln mit Leinöl und Quark oder Spinat mit Spiegelei. Wenn der Großvater am Nachmittag von seiner Arbeit kommt, gibt es oft Streuselkuchen zum Kaffee, für mich Limonade.

Anschließend muss ich doch ein wenig beim Unkrautjäten und Ernten helfen. Das Erdreich duftet, wenn die Sonne langsam untergeht. Diesen Geruch kann ich noch heute abrufen. Das Abendbrot findet unter dem Kirschbaum statt. Es besteht aus Butterbroten – meist mit Radieschen, Gurken, Tomaten und Zwiebeln – frisch von den Beeten geerntet.

Als die Schule wieder anfängt, heißt es wieder, diszipliniert zu sein, Leistungen vorzeigen. Der ganze Tag ist getaktet und verplant. Natürlich lautet das erste Aufsatzthema wie stets: „Mein schönstes Ferienerlebnis". Dafür nehme ich die kleinen Sonntagsausflüge her. Ich hadere nicht – ich hatte einen schönen Sommer!

Die kleine Kapelle auf der Alm

Über eine enge gewundene Bergstraße findet eine lange Reise endlich ihr Ziel. Ich merke, wie mein Atem ruhiger geht, der Duft des Tales und das Rauschen der Strona umfangen und begrüßen mich. Du bist wieder da. Hier sind meine Wurzeln, und es überkommt mich ein tiefes Glücksgefühl. Dieses fast unbekannte Tal, mein kleines uraltes Steinhaus in dem winzigen Dorf, meine Freunde lassen es mich spüren, ich bin angekommen. Die Sonne strahlt hell und warm vom klaren tiefblauen Himmel. Der kleine Brunnen auf meiner Terrasse sprudelt fröhlich vor sich hin, daneben trägt ein dicker Hortensienbusch große kugelige rosafarbene Blütenköpfe.

Vollkommene Zufriedenheit macht sich in mir breit. So gilt wie immer am nächsten Tag mein erster Bergaufstieg der kleinen Kapelle auf der Alm meiner längst verstorbenen Tante. Ich wandere mit meinem alten Stock durch das Dorf, halte hier und da ein kleines Schwätzchen.

Über einen schmalen steilen Bergpfad gehe ich gemächlich im Sonnenschein jeden Schritt genießend. Dicke grauschwarze Granitblöcke, die wie urzeitliche Schildkröten versprengt auf den grünen Almwiesen liegen, begrüße ich wie alte Freunde. Ich steige weiter und weiter.

Schon von Weitem sehe ich die weißgetünchten Mauern der Kapelle, umfriedet von einer dicken Granitsteinmauer, nur durchbrochen von einer kleinen Treppe. Ich erklimme die hohen Treppenstufen, und dann stehe ich am schmiedeeisernen Gitter vor dem kleinen Altarraum. Nichts hat sich seit dem vergangenen Jahr verändert – milde lächelt die Madonna. Das Kind in ihrem Arm geborgen, schmiegt sein lockiges Köpfchen an ihre Wange.

Der hellblaue weite Mantel umhüllt schützend Mutter und Kind. Und ich sehe es genau, sie lächeln mir beide zu.

Jetzt setze ich mich auf die kleinen sonnengewärmten Granitstufen, lehne meinen Rücken an das Gitter und bin einfach nur glücklich. Ich höre, sehe und rieche mit allen Sinnen den fast betäubenden Duft des wilden Thymians, das immerwährende Plätschern und Rauschen des Bergflusses Strona, das Säuseln des Windes in den Kastanien, das tiefe Brummeln und Summen von Hummeln und anderen Insekten, das schrille Grillengezirpe, das Rascheln im Gras von einer davon huschenden Schlange. Plötzlich steht eine gehörnte Ziege auf der Granitmauer und starrt mich an, meckert empört und springt elegant von der Mauer. Manchmal lässt sich ein seltenes Steinadlerpaar bei gutem Aufwind in den Lüften wiegen.

Dieser wunderbare abgeschiedene Ort prägt, beeindruckt und inspiriert mich nachhaltig schon seit vielen Jahren, besonders für meine künstlerischen Arbeiten: das Malen und Schreiben. Hier finde ich weitab vom Weltgetriebe zu mir, und ich erkenne: Scheinbar Wichtiges wird klein und schrumpft ins Unbedeutende, versickert im Sand, kann mich nicht mehr schrecken. Die kleine Kapelle auf der Alm ist mein Zufluchtsort, hier fühle ich mich geborgen. Ich bin bei ihr zu Hause.

Karl, Karli und Klaus

Kein Händedruck, nie die geringste leichteste Berührung, nicht ein Wort gewechselt. Aber gesehen, tausend Blicke gewechselt, immer wieder Augenkontakt. In den Schulpausen, er mit seinem Freund, ich mit meiner Freundin unterwegs, entdeckten wir uns auf dem Gelände der Waldoberschule in Berlin. Karl war meine erste große Liebe.

Benannt nach ihm der kleine gelbe Kanarienvogel: Karli. Ich bekam ihn zum Geburtstag geschenkt und suchte nicht lange nach einem Namen für ihn. Sein Käfig war sein zu Hause, sein viel zu kleiner Wohnraum. Als Vogel zum Fliegen geboren. Aber wie? In dieser Enge war es nicht möglich.

Wir schlossen die Fenster und die Tür, deckten offene Bücherreihen mit Tüchern ab. Meine Eltern und ich waren uns da völlig einig, und wir öffneten ihm sein kleines Türchen. Nach einigem Zögern wagte er es, dieser Enge zu entfliegen, ihr zu entfliehen.

Er nutzte bald diese Räumlichkeit unseres Wohnzimmers für sich, liebte die Erweiterung seines Lebensraums. Das geschah natürlich mit allen Konsequenzen, auch mit seinen nötigsten Geschäften, soll heißen den Ablagerungen seiner Verdauung.

Als Vogel kam er so zum Fliegen, ja musste es erst richtig erlernen. Anfangs etwas zögerlich, dann mit immer mehr Freude und Geschick nahm er unseren Wohnraum für sich ein.

Jahre vergingen, Karl und ich hatten uns aus den Augen verloren. Die Schule gehörte der Vergangenheit an. Klaus aus der Nachbarschaft wurde mein Freund. Ich war wieder mal total verliebt.

Wenn meine Eltern und ich verreisten, vertraute ich ihm Karli an, und Klaus nahm den kleinen Gelben fürsorglich bei sich auf. Karli durfte sogar in seinem Zimmer ab und zu frei herumfliegen, und auch der Ursprung seines Namens kam irgendwann ans Licht.

Die ganze Geschichte fand Klaus gar nicht so gut, fand sich jedoch damit ab und entflog mir nicht als mein Ehemann. Allerdings entflogen wir beide zusammen später den Wohnungen unserer Eltern und suchten und fanden unser eigenes Nest.

Sonnenaufgang

Am Horizont

wechselndes Farbenspiel,

darüber wolkenlos, blauer Himmel.

Klare Luft,

Vogelgezwitscher!

Silberner Tau auf Gräsern.

Schmetterlinge tanzen

über sich öffnende Blüten.

Eine Maus huscht über den Weg!

Sonnenstrahlen erwärmen

den schlaftrunkenen Käfer.

Ringsum erwachendes Leben.

Ich stehe und staune.

Ein Sommertag bricht an!

Irgendwann

Irgendwann einmal – habe ich dich gesehen

du bist zu mir gekommen

Irgendwann einmal hast du mich gefragt

ob du bleiben darfst

ich hab ja gesagt

du bist geblieben

Irgendwann einmal bist du von mir gegangen

ohne zu fragen

ich weiß – du wirst nie mehr zurückkommen

ich gehe jetzt zu dir

täglich

vielleicht – nein – bestimmt

bleibe ich eines Tages bei dir

Irgendwann

Reggae – Krebse – Rum

Während meiner Studienzeit in Cleveland/Ohio kam im Oktober 1965 eine tolle Ankündigung. Meine Professorin und Chefin hatte die Bewilligung vom NIH (National Institute of Health, Washington) bekommen, ein Forschungsprojekt an der Universität Kingston, Jamaika, durchzuführen. Projekt: Studium des Osmoregulationsmechanismus von „Juca Mordax", einer Krebsart, die dort in hoher Salzwasserkonzentration lebt. Auch hier sollte ich Micropunktieren und Elektrolytmessungen durchführen. – Ich konnte es kaum glauben –, in die Karibik nach Jamaika! Ich hatte eine gewisse Vorstellung von diesem Land. Kein Land der Erde war musikalisch so gut in meinem Kopf vertreten. Ich hatte ein Bild vor Augen und einen Sound im Ohr (Harry Belafonte).

Ein Laborplatz für zwei Monate war auch schon gesichert.

Am siebenundzwanzigsten Dezember neunzehnhundertfünfundsechzig ging die Reise nach Jamaika endlich los. Meine Chefin hatte vorgeschlagen, mit ihrem neuen Volvo bis Florida zu fahren, da sie einen Abstecher zu ihrer alten Duke-University in North Carolina machen wollte. Ihre Einladung als Mitfahrer und Chauffeur nahm ich gerne an, um mehr von den USA zu sehen. Ungeahnte neue Eindrücke warteten auf mich: North Carolina, die „Waterbanks" am Atlantik, Georgia mit seinen strengen Geschwindigkeitsbeschränkungen, das disziplinierte Fahren auf den amerikanischen Highways, meine erste Nacht in einem USA-Motel – nüchtern und einfach, jedoch praktisch, sogar das Auto in Schrittweite vor dem Zimmer geparkt, das war Amerika!

Wir schafften die Strecke bis zum Flughafen in Miami in zwei Etappen. Der Volvo endete im Long-term-Parking, und nach einem Zweistundenflug erreichten wir Kingston, Jamaika.

Ein Fahrer der Universität begrüßte uns und fuhr uns zu unserer Pension „Monica Inn". Ich bezog ein Doppelzimmer, welches ich später mit einem weiteren Assistenten teilen sollte. Ein beeindruckendes Gelände, tropisch, tolle Bepflanzung, Pool, ein Hauch von britischem Kolonialstil. Wir waren wunderbar untergebracht. Es gab Frühstück und Abendessen, Halbpension sozusagen. Warme, sehr angenehme tropische Temperaturen, erfrischend das Schwimmen im Pool am Morgen. Ich dachte an die Heimat – wie kalt es wohl dort sein mochte.

Kurz nach unserer Ankunft, also am einunddreißigsten Dezember, erwartete uns eine wunderbare Einladung, welche mir noch heute in besonderer Erinnerung ist. Meine Chefin und ich waren zur Silvesterparty der Fakultät der Uni Kingston eingeladen. Ich traute kaum meinen Augen. Dieses märchenhafte „Setting" am Pool des Unigeländes! Auf einer Seite Tische und Stühle, auf der anderen drehten sich drei rotierende Schweine am Spieß, dann eine Original-Steelband und schließlich eine Tanzfläche. Im Hintergrund die berühmten Blue Mountains, wo angeblich der beste Kaffee der Welt herkommt.

Wir wurden herzlich als Gäste begrüßt, ich hatte viele neue, interessante Begegnungen. Ein ganz besonderes Erlebnis, mitten im Winter bei sommerlichen Temperaturen und tropischer Vegetation in das neue Jahr neunzehnhundertsechsundsechzig zu starten. Ich war überwältigt – so etwas hatte ich noch nicht erlebt.

Nun war ich gespannt auf das „Neue Projekt" und glücklich. Zwei Tage später ging es los. Die Einrichtung des Labors war karg und einfach. Die Kakerlaken waren schnell verscheucht, unsere Einrichtung wie Mikroskop, OP-Besteck und Mikromanipulatoren in Stellung gebracht. Jetzt fehlten die Versuchstiere, die Krebse, und die mussten zunächst einmal beschafft werden – ein Erlebnis, das ich nie vergessen werde.

Inzwischen hatten wir einen gebrauchten, originalen Landrover gemietet, um von unserem „Monica Inn" zum Unilabor zu kommen. Dieses Fahrzeug, Vierradantrieb, für mich der Inbegriff von Romantik, Expedition und Abenteuer in Afrika, unterwegs im Linksverkehr wie in vielen Kinofilmen aus meiner Jugendzeit.

Wir fuhren über Land, um an die entlegenen halb eingetrockneten Meerwasserteiche zu kommen. Und wir fanden die Krebse, ca. eineinhalb Zentimeter groß, auch „Fiedler-Krebse" genannt, weil sie an der Seite ein Organ hatten, das einer Fiedel/Geige ähnelt. Diese galt es nun zu fangen, ein einfacher Köcher reichte.

Mit etwas Geschick hatte ich bald fünfzehn bis zwanzig zusammen.

Prof. Bodil Schmitt-Nielsen inspiziert mit mir
die ersten gefangenen Fiedler-Krebse

Mit Meerwasser versehen brachten wir die Tiere ins Labor zur Untersuchung. Es wurden Wasserbecken mit verschiedenen Salzwasserkonzentrationen hergestellt, um das Phänomen „Osmoregulation" zu studieren. Jetzt durfte ich zweimal pro Woche mit dem Landrover alleine los, um für Nachschub der Krebse zu sorgen. Das war abenteuerlich, durch unwegsames Gelände, Bäche, den Vierradantrieb zugeschaltet, sandige, mit Büschen bewachsene Hügel; jetzt begriff ich, wofür ein solcher Landrover konstruiert worden war. Manchmal traf ich Kinder im Alter zwischen acht und zehn Jahren, die mich interessiert beobachteten, wenn ich Krebse fing. Ein wenig lächeln und winken, und wir kamen in Kontakt. Mein Englisch war inzwischen ganz brauchbar. Den Kindern machte es Spaß, mir beim Fang zu helfen. Ein kleines Trinkgeld war natürlich sehr willkommen bei diesen schokoladenbraunen, fröhlichen Geschöpfen.

Nun aber schnell mit den Krebsen zum Labor zurück, natürlich mit etwas Wasser bedeckt, derselben Konzentration des Teiches, in dem sie lebten. Der Landrover war immer zuverlässig, egal wie tief die Regenfurchen waren, die er zu nehmen hatte. Wir kamen gut voran mit dem Zusammentragen unserer Ergebnisse, und wir verstanden bald die Osmoregulation dieser Krebse. Die Resultate wurden in einer Publikation zusammengefasst.

Eines Tages kam ein Anruf von der home base Uni Cleveland. Die Sekretärin, Tuila Kyler, informierte uns, dass das US-Militär angerufen habe und ich mich nach meiner Rückkehr aus Jamaika zur Musterung melden solle. Sie gab an, dass ich in einer Forschungsmission außer Landes sei. Dies genügte wohl, und die Gefahr, dass ich zum damals tobenden Vietnam-Krieg eingezogen werden sollte, war zumindest vorübergehend vorbei. Tatsächlich hörte ich nie mehr von einer Einberufung zum US-Militär, Glück gehabt!

Die Wochenenden verliefen interessant und kurzweilig mit

Ausflügen in die Umgebung. Einmal war ich von einer Familie mit einer bildhübschen Tochter zu einem Ausflug per Zug zu den Wasserfällen von „Ocho Rios" eingeladen.

Der Zug hielt an vielen Bahnhöfen, überall bot man lokale Früchte und Getränke durch die offenen Zugfenster an. Beeindruckende Landschaften und fröhliche Menschen in bunten Roben sind mir immer noch in nachhaltiger Erinnerung. Jamaika, ein Schmelztiegel von Rassen auf einer wunderbaren Insel.

An den Wasserfällen von Ocho Rios

Wir kamen weiter gut voran mit unserer Arbeit. Eines Tages brachte ein Kollege der Universität Kingston ein Krokodil. Meine Chefin Professor Schmitt-Nielsen war interessiert am Exkretionsmechanismus dieser Tiere. Wir anästhesierten das Tier und studierten seine Ausscheidungsorgane.

Manchmal war es stickig heiß, und andere Uni-Angestellte bewunderten uns, dass wir überhaupt arbeiteten. Nun, wir waren hochmotiviert und froh, hier zu sein und nicht im nordamerikanischen kalten Winter. Die Feierabende wurden uns versüßt durch ein für mich neues Getränk – Rum mit Bitter Lemon, einfach köstlich!

Zurück nach Cleveland.

Nach acht Wochen in dieser herrlichen Umgebung war unsere Arbeit beendet. Ich flog über New York zurück nach Cleveland, beeindruckt von der damals noch heilen Welt der Karibik.

Die betrunkene Amsel unterm Kirschbaum

Eines Sonntags im Juli, die Früchte in dem unteren bis mittleren Bereich unseres großen, in die Jahre gekommenen Kirschbaumes hinter dem Haus waren bereits abgeerntet, hatten mein Sohn Stefan und ich ein Erlebnis der besonderen Art.

Unerreichbares Obst in den Baumkronen beginnt irgendwann zu gären und kann dabei eine ganz unwiderstehliche Süße entwickeln. Dies stellt für Vögel vermutlich einen lukullischen Hochgenuss dar.

So kam es, dass wir eines Nachmittags auf der Lehne eines Gartenstuhles unter dem Kirschbaum eine Amsel vorfanden, die verzweifelt versuchte ihr Gleichgewicht zu halten.

Wir waren total erstaunt, denn gewöhnlich ergreifen Vögel die Flucht, wenn sie eine Bewegung gleich welcher Art in ihrer Nähe bemerken. Dieser gefiederte Kamerad jedoch, der auf der Stuhllehne balancierte, machte auch auf weitere Annäherung unsererseits absolut keine Anstalten wegzufliegen. Wir sprachen den Piepmatz an, jedoch besagter Vogel wippte vor und zurück und vor und zurück. Allem Anschein nach war er froh, dass er sich auf der Stuhllehne halten konnte, ohne abzustürzen. „Lasst mich einfach in Ruhe", schien er uns sagen zu wollen. Der Vogel war regelrecht fluchtunfähig und derzeit nicht in der Lage zu fliegen. Er war schlicht und einfach sternhagelvoll. Vermutlich hatte er zuviel von den inzwischen gegorenen Kirschen erwischt. „Eine andere Art Schnapsdrossel", dachte ich mir. Gegen Abend war er verschwunden. Vermutlich schlief er in einer stillen Ecke des Gartens seinen Vollrausch aus. So eine Amsel ist wohl auch nur ein Mensch.

Suche nach dem sicheren Berg

Herbst lag schon in der Luft, als wir von Andorra herunterfuhren in dieses idyllische Tal, die hohen Berge der Pyrenäen hinter uns lassend. Dieser Teil von Frankreich erinnerte mich an das Allgäu. Wir kamen aus dem Urlaub an der Costa Brava und hatten für die Heimfahrt eine andere Route als die übliche gewählt. Eine neue Gegend kennenzulernen ist für meinen Mann und mich immer etwas Besonderes, birgt sie doch Unbekanntes, beschert Überraschungen.

Ein kleines, unauffälliges Schild am Straßenrand weckte bald meine Sinne, weil es nach wenigen Kilometern wieder auftauchte, aber bevor ich lesen konnte, was es denn besagt, hatten wir es schon hinter uns gelassen. Nun folgten meine Augen nur noch dem Straßenrand und tatsächlich, nach kurzer Zeit sah ich es schon von Weitem und erkannte zwei Worte, die mich ganz und gar aus meinen Tagträumen rissen. Klar und deutlich las ich im Bruchteil von Sekunden: „Pays Cathare". Und plötzlich war alles wieder da. Es gab eine Zeit, in der ich mich sehr mit der Glaubensgemeinschaft der Katharer, besser bekannt als Albigenser, befasst hatte. Aufmerksam geworden war ich durch verschiedene historische Romane, in denen sie und ihr Überlebenskampf eine Rolle spielten, mehr darüber erfuhr ich aus Sachbüchern. Und nun durchfuhren wir diese Landschaft im südlichen Languedoc, in der sich ihr Glaube hauptsächlich im zwölften und dreizehnten Jahrhundert ausgebreitet hatte, in einem Areal, das von hier, den Ausläufern der Pyrenäen, bis nach Albi im Norden, Toulouse im Westen und zum Mittelmeer im Osten reichte.

Schnell schaute ich auf der Karte nach, wo genau wir uns befanden, da tauchte auch schon die mächtige Burganlage hoch über der Stadt Foix auf, die sowie auch die Städte Carcasonne, Narbonne und Béziers eine große Rolle während der Verfolgung der Albigenser gespielt hatte. In Foix hielten wir, um die Füße zu vertreten und eine Kleinigkeit zu essen. Der anschließende Bummel lenkte mich – wie von einer unsichtbaren Macht gesteuert – zum Touristencenter. Nun war es Zeit, Herbert auf meine Idee, die inzwischen in meinem Kopf herumspukte, vorzubereiten. Im Center nach meinen Wünschen gefragt, bat ich um einen Moment Geduld, suchte fieberhaft nach einst gelernten, nun aber vergrabenen Worten und brachte schließlich hervor: „Je cherche le Montségur!" Dieser Schicksalsberg der Albigenser musste nach meiner Erinnerung ganz in der Nähe sein, und wenn er das war, dann wollte ich ihn sehen. Zu meiner großen Freude wusste die Dame sofort, von was ich sprach, holte eine Landkarte hervor, zeigte und erklärte uns den Weg und tatsächlich schien es nicht mehr als ein Katzensprung zu sein zum Berg der Katharer.

Aufgeregt und zappelig, die Landkarte auf dem Schoß, kauere

ich in meinem Sitz. Wir fahren doch länger, als ich denke. Nur durch einen kleinen Ort kommen wir, ab und zu liegt ein Gehöft in Blickweite, es ist eine einsame Gegend, kein Mensch und kein Fahrzeug weit und breit. Ein paar Mal fahren wir in die verkehrte Richtung, merken es aber rechtzeitig. Die Karte zeigt, dass noch eine Kleinstadt zu durchfahren ist: Lavelanet. Als wir sie passieren, male ich mir aus, welche Rolle dieser Ort wohl während der Kreuzzüge gegen die Albigenser gespielt haben mag. Sind die Einwohner mit ihnen oder gegen sie gewesen? Nach dem letzten Haus umgeben uns wieder Hügel und Berge auf der kurvenreichen Landstraße. Ich strecke meinen Kopf weit nach vorn, um alle Gipfel, die in Sichtweite kommen, besser im Auge zu haben, denn, wenn ich auch noch nie hier gewesen bin, werde ich den Montségur sofort erkennen, so oft habe ich ihn mir auf Bildern angeschaut. Ich weiß nicht, wieviele Kilometer und Windungen wir nach der Stadt noch fahren und wie lange meine innere Anspannung noch anhalten soll. Ich sage zu mir selbst: „Geduld, Geduld!" Nach einer kleinen Ewigkeit und gefühlten hundert Kurven noch eine letzte und ich jauchze: „Da ist er!"

Vor uns liegt der 1200 Meter hohe Montségur, der sichere Berg der Katharer, eine ihrer letzten Zufluchtsstätten, schaurig schön und mysteriös. Deutlich erkennbar auf dem Gipfel die Ruine der ehemaligen Festung. Obwohl viele Katharerburgen und -festungen in dieser Gegend liegen, ist diese doch die bekannteste. Am liebsten würde ich sofort losmarschieren. Hinauf möchte ich, ganz hoch bis zum Gipfel, die Ruine betreten, die Atmosphäre spüren, mich mit Energie – die an solch schicksalhaften Stätten gespeichert sein muss – aufladen. Orte wie dieser üben eine starke Faszination auf mich aus – könnten sie nur erzählen! Erzählen von dem, was sich hier zugetragen hat. Der Anstieg, zunächst trügerisch sanft über eine Wiese, aber schon, wo der Wald beginnt, geht es steil nach oben und dort, wo er aufhört, ist es schroff und felsig. Und es ist schon Abend.

Während der vielen Jahre der Albingenser-Kreuzzüge – angeordnet von König und Papst – galt der Montségur zunächst als sicherer Asyl- und Wallfahrtsort. Erst als der Widerstand vieler Burgen und kleiner Orte der Katharer gebrochen war mit verheerenden Folgen für deren Verteidiger und Bewohner, rückte diese letzte Bastion ins Blickfeld dieser unerbittlichen Soldateska. Hier am Fuße dieses Berges bin ich plötzlich mitten im Geschehen von damals: Die über vierhundert Menschen dort oben sahen dem Ende einer monatelangen Belagerung von einer übermächtigen französischen Armee entgegen. Unter den wegen ihrer Religion Verfolgten befanden sich hohe Geistliche, außerdem standen ihnen Freunde, Sympathisanten, Helfer und die angeheuerte Miliz zur Seite. Nach über einem halben Jahr waren sie gezwungen, ihre Schutzburg zu verlassen. Ich weiß, dort drüben, unterhalb vom Waldrand, erinnert die „prat de cramats", die „Wiese der Verbrannten", an das grausige Ende von über zweihundert Katharern im März 1244. Es hätte nur einer öffentlichen Absage an ihren Glauben bedurft, um ihr Leben zu retten, so heißt es, aber sie hielten an ihren Prinzipien fest – freiwillig und singend begaben sie sich zu dem schon vorbereiteten Scheiterhaufen. Eine grausige Vorstellung, die mich schauern lässt. Dies war dennoch nicht das Ende der Glaubensgemeinschaft, aber mit dem Fall von Montségur, ihrem Symbol des Widerstands und der Sicherheit, war ihr Untergang nicht mehr aufzuhalten.

Viele Legenden und ungelöste Rätsel umgeben diesen geheimnisvollen Berg. Immer wieder ist die Rede von dem immensen Schatz der Katharer, vom Heiligen Gral, von Tempelrittern. Heute ist er zum Wallfahrtsort von Esoterikern geworden, Sonnenanbeter besteigen ihn in der Nacht, um aus einem bestimmten Winkel innerhalb der Ruine den Sonnenaufgang zu erleben, und sogar Adolf Hitler ließ den Montségur unter die Lupe nehmen, was immer er auch hoffte, dort zu finden. Und dann gibt es noch einige Verschrobene, so wie ich, die mehr in der Vergangenheit leben als in unserer so modernen Welt.

Ich schaue auf die Uhr, es ist sechs Uhr abends und höchste Zeit, eine Unterkunft zu finden. Bevor die nächste Kurve ihn verschwinden lässt, ein letzter Blick zurück aus dem fahrenden Auto, adieu Montségur!

Toni fliegt

Besorgungen in unserem Ort erledige ich gern mit dem Fahrrad. Dabei vermeide ich es, auf der Durchgangsstraße zu fahren. Viel lieber benutze ich die kleinen Gassen oder Feldwege. Auf dem Weg zur Ortsmitte nehme ich stets die kurze Verbindungsstraße gegenüber unserem Haus, die für Autos gesperrt ist. Als ich neulich das letzte Haus in dieser Gasse passierte, fiel aus der Höhe das laute „Haaaallo" einer hellen, dennoch kräftigen Kinderstimme herab, so dass ich nach oben schaute. Das kleine geöffnete Dachfenster umrahmte einen blonden Jungenkopf und gleich darauf erschien sein Arm, der mir zuwinkte. Ich lachte, winkte zurück und dachte bei mir: „Wenn du wüsstest, mein Junge, was ich dort oben erlebt habe!"

An der nächsten Ecke stieg ich vom Rad und schaute zurück zu dem Haus. Der Junge war verschwunden und das Fenster wieder geschlossen. Das kleine zweigeschossige Haus hatte einen neuen Anstrich bekommen, die Fenster waren erneuert, insgesamt machte das alte Häuschen einen schmucken Eindruck – anders als ich es vor etlichen Jahren kennen gelernt hatte ...

Ein Sommertag in den achtziger Jahren – ein Sonntag. Ich war mit meinem Mann früh aufgestanden, weil er einen Termin auf der Frankfurter Messe hatte. Der Wetterbericht im Radio kündigte einen sehr heißen Tag an. Jürgen löffelte im Stehen einen Joghurt, trank nur eine Tasse Kaffee, und schon war er weg.

Um die noch frische Morgenluft hereinzulassen, öffnete ich weit das Schlafzimmerfenster und auch die beiden Terrassentüren von Küche und Wohnzimmer. Ich setzte mich an den Frühstückstisch, schenkte mir eine Tasse Kaffee ein und nahm die Zeitung zur Hand. Da machte sich unser Nymphensittich be-

merkbar. Sein Käfig hing an der Wand neben dem Fenster des Esszimmers.

„Okay, Toni, du bekommst dein Futter, die Celia schläft noch", sagte ich. Eigentlich war es die Aufgabe meiner Teenager-Tochter, ihn zu versorgen, denn es war ihr Vogel. Ich gab ihm neues Körnerfutter und frisches Wasser. Dabei unterhielt ich mich mit ihm, in meiner wie in seiner Sprache, das mochte er gern.

Wenig später hörte ich Schritte auf der Holztreppe zum oberen Stock und Celia erschien im Schlafanzug mit verstrubbelten Haaren. „Morgen Mama." Sie gähnte herzhaft, streckte sich und ging zum Käfig. „Morgen Toni. Du hast ja schon gefrühstückt!" Als Antwort pfiff der Vogel die Anfangstöne des River-Kwai-Marsches, die sie ihm beigebracht hatte. Celia steckte ihren Finger durch die Stäbe und ließ Toni daran knabbern. Er legte seinen Kopf auf die Seite, stellte seine sonst aufrecht stehende Federhaube waagerecht und ließ sich den gelben Kopf mit den orangegefarbenen Bäckchen kraulen.

„Ich hole dir auch noch frische Vogelmiere, die magst du doch so gern." Sie ging in den Garten, pflückte davon eine Handvoll und klemmte sie mit einer Wäscheklammer an die Gitterstäbe.

„Ich gehe gleich zu Simone, Mama, wir wollen für die Mathearbeit morgen lernen", sagte sie und setzte sich an den Frühstückstisch.

Als Celia das Haus verlassen hatte, las ich weiter in der Zeitung, räumte dann den Tisch ab und schloss die Terrassentüren. Toni wurde schon unruhig und fing an zu schimpfen. Nymphensittiche können sehr laut werden. Es wurde Zeit, ihn aus dem Käfig zu lassen. Ich öffnete die Klappe und schon kletterte er hinaus und hinauf auf das Käfigdach, wo ich einen Ast von unserem Pflaumenbaum befestigt hatte, sein Lieblingsplatz. Es dauerte nicht lange und er flog drei Runden durchs Zimmer und wieder zurück auf seinen Ast. Das genügte ihm erst einmal, später würde er zur Sofalehne fliegen oder sich auf meine Schulter setzen.

Während ich die Küche aufräumte, hörte ich ihn diverse Melodien pfeifen. In dem Moment, als ich zurück ins Esszimmer ging, startete Toni erneut zum Flug, doch da war ich im Weg. Er wich mir aus und flog einen rechten Winkel in die Küche – was er noch nie getan hatte – dann den Flur entlang bis zum Schlafzimmer und hinaus durch das noch immer geöffnete Fenster.

Ach, du Schreck, was tun? Irgendwie musste ich versuchen, ihn wieder einzufangen. Ich lief in den Garten, um ihn zu suchen. Im Pflaumenbaum war er nicht. Es war ein stiller Sonntagmorgen, kaum Autos unterwegs. Plötzlich hörte ich ihn rufen, er saß auf unserem Dach. Während ich überlegte, wie ich ihn einfangen könnte, kam eine Taube angeflogen und setzte sich neben ihn. Das machte ihm Angst und er flog erneut los – nicht geradeaus, sondern in Runden, wie er es gewohnt war. Er drehte eine kleine Runde über unserem Haus, dann eine größere und noch eine größere und landete schließlich auf dem Dach eines zweistöckigen Hauses mit ausgebautem Obergeschoss schräg gegenüber. Ich stand auf der Straße und beobachtete ihn, er musste doch mal müde werden.

„Mama, was ist los? Warum stehst du hier auf der Straße?" Celia und Simone waren gekommen, um sich in unserem Gartenpool abzukühlen. Ich zeigte nach oben: „Toni ist weggeflogen." Celia war entsetzt. „Wir müssen ihn holen, Mama, er wird sonst sterben!" Sie war den Tränen nahe. Er sah so klein aus auf dem großen Haus! In dem Moment zog jemand von dem Gauben-Dachfenster den Rollladen hoch. Und wieder erschrak Toni und flog davon. Diesmal ließ er sich auf dem Dachfirst auf der anderen Seite der schmalen Straße nieder. Er gehörte zu einem kleinen älteren Haus, wie es sie mehrfach gibt in unserem Ort.

Ich schöpfte Hoffnung. Das Dach war mäßig steil, und nahe dem Schornstein befand sich ein kleines Dachfenster.

„Geh und hol den Käfig, Celia", sagte ich, „und bring auch den Grill-Handschuh und die Schachtel mit der Kolbenhirse mit."

„Ich helfe dir." Simone drückte mitfühlend ihren Arm, und die Mädchen rannten los.

Hoffentlich war jemand zu Hause. Ich stieg die ausgetretenen Stufen der seitlich am Haus angebrachten Treppe hoch und klingelte. Es stand nur ein Name an der Tür: Weber. Nichts passierte. Ein zweiter Versuch. Ich hörte, wie sich ein Schlüssel im Schloss umdrehte. Eine sehr alte Frau öffnete. Ich stellte mich vor und berichtete ihr von unserem Dilemma, doch sie blickte nur fragend zurück. Ich sagte zu mir: Ganz ruhig, versuch es noch mal, aber langsam und deutlich. Sie kam mir zuvor.

„Warten Sie, ich muss erst mein Hörgerät einsetzen!"

Es dauerte eine Weile, bis sie zurückkehrte. Inzwischen waren auch die beiden Mädchen mit dem großen Käfig zurück. Ich wiederholte meine Geschichte und sie sagte: „Kommen Sie herein. Ich hab' Sie schon öfter vorbeiradeln sehen. 76 Jahre wohne ich schon hier und kenne alle Nachbarn. Vor drei Jahren ist mein Mann gestorben, er hatte…"

„Liebe Frau Weber", unterbrach ich sie, „wir sind ein wenig in Druck. Würden Sie uns bitte in den zweiten Stock und zur Dachtreppe führen?"

Da besann sich die alte Dame. Beinahe leichtfüßig und mit der besten Absicht, uns behilflich zu sein, ging sie uns nun voraus in den oberen Stock. Ein leicht muffiger Geruch von staubigen Polstermöbeln, alten Teppichen und gekochtem Mittagessen empfing uns. Simone blieb draußen, um aufzupassen, was Toni machte.

„Wo, sagten Sie, sitzt Ihr Vogel? Wir haben nämlich zwei

Dachfenster."

„Es ist das Fenster unterhalb des linken Schornsteins."

Sie öffnete eine Dachluke, und ich half ihr, die lange, schmale Holztreppe herunter zu lassen. Dann stieg ich hinauf, in der linken Hand den Grill-Handschuh und die Kolbenhirse, mit der Rechten hielt ich mich fest. Celia blieb unten, der Käfig war viel zu groß für die schmale Treppe und das kleine Fenster.

„O Gottogott, liebes Kind, passen Sie bloß auf, dass Sie nicht vom Dach fallen. Das würde ich nicht überleben!" Frau Weber stand am Fuß der Treppe und schaute sorgenvoll nach oben. Auch Celia blickte mich ängstlich an.

„Wir schaffen das, Celia!", rief ich und nickte meiner Tochter zuversichtlich zu. Ich löste den Haken von dem kleinen Fenster, öffnete es vorsichtig und sah Toni sofort. Er saß immer noch auf dem Dachfirst, vielleicht zwei Armlängen entfernt. Doch als ich das Fenster bis zum Anschlag aufschob, quietschte es, und er machte ein paar Hüpfer weg von mir. Den dicken Handschuh stopfte ich in die Tasche meiner Shorts, den Stil der Kolbenhirse klemmte ich zwischen meine Zähne. Du bist schlank und sportlich, Sylta, das schaffst du leicht.

Mit den Armen stützte ich mich auf dem Fensterrahmen ab und zog mich hoch auf die Gitterstufe, die für den Schornsteinfeger vorgesehen war.

„Der darf aber keinen Bauch haben", schoss es mir durch den Kopf, bevor ich mich rücklings auf den Dachfirst setzte, beide Beine zu einer Seite. Ich presste meine Füße fest auf die Dachschindeln, denn erst jetzt fiel mir auf, dass ich offene Sandalen ohne Riemen trug – beinahe wären sie mir von den Füßen gerutscht. Etwas mulmig wurde mir doch, als ich das schräge Dach von oben und Simone neben ein paar Spaziergängern ziemlich weit unten sah.

Ich fokussierte meinen Blick wieder auf das Naheliegende,

nämlich auf den Dachfirst und auf Toni. Der Vogel hatte mein Tun aufmerksam verfolgt, rührte sich aber nicht von der Stelle. Ich musste näher an ihn ran. Aufgestützt auf den Armen lüftete ich ein paar Mal meinen Po und schob mich vorsichtig in seine Richtung. Dann zog ich den Handschuh über meine rechte Hand und streckte ihm mit der anderen die Hirse entgegen. Dabei lockte ich ihn leise und schnalzte mit der Zunge.

Und tatsächlich setzte er langsam einen Fuß vor den anderen, immer den Leckerbissen im Blick. Er begann zu knabbern und ich ließ ihm Zeit. Er würde nicht aufhören, bevor er nicht all die kleinen Körnchen abgefressen hatte. Ich verschob meinen Arm mit dem Kolben etwas, damit Toni sich auf die Seite drehte und bewegte meine behandschuhte Hand im Zeitlupentempo von hinten auf ihn zu. Dabei hörte ich nicht auf, Laute zu produzieren. Als meine Hand in Höhe seines langen Schwanzes war, griff ich blitzschnell zu und umfasste seinen Körper, fest aber nicht zu fest. Sofort hackte er wütend auf den Handschuh ein, beruhigte sich aber bald. Mein Blick ging zum Himmel: Danke, lieber Gott!

Von unten ertönte Simones Jubelschrei: „Sie hat ihn!"

Der Weg zurück mit dem Vogel in einer Hand war noch einmal eine kleine Herausforderung, doch Celia kam mir schon erleichtert auf der Leiter entgegen und hielt mir den offenen Käfig hin. Ringsum erwarteten mich strahlende Gesichter, aber auf sicherem Boden zitterten mir doch ein wenig die Knie.

Einige Jahre später zog unsere Tochter zum Studium in eine andere Stadt, und ich versorgte Toni allein. Er liebte es sehr, wenn wir im Sommer auf der Terrasse saßen und sein Käfig an einem Haken unterm Dachvorsprung hing. Eines Tages hatte ich den Haken seiner Käfigtür wohl nicht sorgfältig genug geschlossen, denn es gelang ihm, sie mit dem Schnabel zu öffnen… und er flog auf und davon. Diesmal für immer.

Im Freien bin ich zu Hause

Mein nächster Traum ist wieder einmal in Erfüllung gegangen.

Gedacht habe ich vorher. Warum schaffen es die anderen, warum ich nicht auch? Es ging um meinen Wohnort, den neuen Standort für mein Familiendomizil.

Im Laufe von vielen Jahren hatten wir es uns bei jedem Umzug immer ermöglicht, entsprechend unserer Vorstellungen, einen unverstellten Blick aus dem Fenster genießen zu können. Weitläufig musste er sein, am liebsten mitten in der Natur. Wir wollten möglichst nur eine einzige Tür öffnen und im Freien unseren Alltag, unsere Freizeit, den Sommer, den Winter, eben alle Jahreszeiten direkt und frei genießen.

Bisher wohnten wir so: vorne Sträßchen, hinten Wald oder vorne Acker, hinten Wald und das jeweils nur wenige Kilometer von Großstädten entfernt. Nun ging dieser Wunsch schon wieder in Erfüllung. Ich sagte mir: „Man muss eben ganz fest daran glauben, dann versetzt Hoffnung Berge!"

Auch in schwierigen Lebenssituationen half mir dieses unverstellte Zuhause, Beschwerliches auszugleichen; denn ich sagte mir: „Du wohnst frei und schön in der Natur!"

Eine Freundin äußerte einmal: „Wenn Du in einem Hochhaus wohnen würdest, hättest Du auch einen freien Blick!" Aber das sind für mich zwei ganz unvereinbare Gegensätze und hat nichts mit meinem Freiraum zu tun. Da würde ich eher ein Gartenhäuschen beziehen.

In meinem Zuhause bin ich im Freien und weiß es zu schätzen. Dieses fast schon lebensnotwendige Bedürfnis für mich und meine Familie verlieren wir auch bei der Wahl unserer Ferienorte nicht aus dem Auge. Insbesondere die weitläufige andalusische Atlantikküste hat es uns angetan, vor allem im Oktober. Dort fühlen wir uns unabhängig und wohl wie in unserem Zuhause im Freien.

AUTOREN

Bormann *Gisela*

- Es war gar nicht so schlimm!
- Gefängnistor
- Dem Himmel nah
- „Kannst Du schwimmen?"
- Überschwemmung
- Im Örtchen
- 1959: Wohnungsluxus
- Ahornbaum 587
- „Kinderparadies"

Bradenahl *Dietrich*

- „Der Arme Konrad"

Dillenseger *Renate*

- Ein eigener Schreibtisch.
- Vom Vorrats- zum Luftschutzkeller
- Wintertraum in Dresden
- Unser Nussbaum

Eisner *Gaby*

- Mein großer treuer Freund
- Das Dachstübchen
- Gartenglück und Himmelsschaukel

Estate *Carola*

- Über den Wolken
- Wassertrilogie
- Gewitter in Preia
- Enfant terrible im Beginenhof
- Kriegsende im Kirchenkeller 1945
- Die Überraschung unter dem Weihnachtsbaum
- Die kleine Kapelle auf der Alm

Glaab *Corinna*

- Pieta auf der Reichenau
- Karl, Karli und Klaus

Langhammer *Eve-Marie*

- „Erker"
- Die alte Linde
- Sonnenaufgang

Marischen *Werner*

- „Hey Man"
- Pub Talking

Marziniak *Inge*

- Gewitter
- In Not und Wut
- Der Schlüssel passt nicht
- Die alte Scheune
- still und stolz
- Irgendwann

Michaels *Richarda*

- Von der „Olympia" zum Laptop
- Der Einbruch
- Die Zeit danach

Pagel *Dieter*

- Endlich ein Schreibtisch
- Reggae – Krebse – Rum

Pietrowski *Brunhilde*

- Weg zum Licht
- Mein eigenes Tor
- Die erschwindelte Glückseligkeit
- Kein Bett für Uschi –
  oder die Tür bleibt zu
- Die betrunkene Amsel unterm
  Kirschbaum

Pitschula *Anna Maria*

- Meine West Side Story
- Errichtet – bewundert – vernichtet
- Das letzte Bad im Meer
- Schlaflos in Orinda
- Der Riese vor der „Klauskirche"
- Suche nach dem sicheren Berg

Purrnhagen *Sylta*

- Balkon zum Hinterhof
- Toni fliegt

Steffen *Edith*

- Im Freien bin ich zu Hause

Wentingmann *Vera*

- Meine Schreibtische
- Einmal Himmel und zurück
- Wasser-Geschichten